短編映像の可能性を拓く

「映文連アワード」15年の軌跡

中嶋清美

平凡社

映文連アワードの一場面

時事通信ホールでの表彰式（2009年）

二次審査委員と語る10周年記念座談会（左より安藤紘平、恩田泰子、白土謙二、住田望、塚田芳夫の各氏。2016年）

ポスタービジュアル（一部）

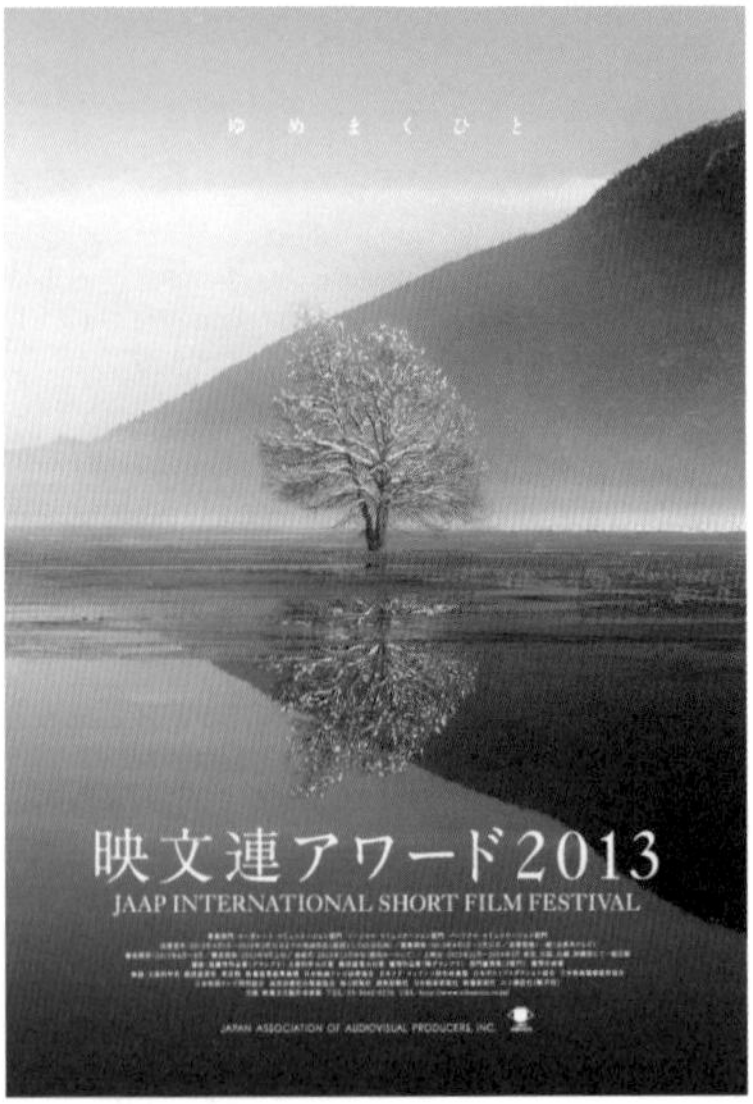

毎年４月の募集時に発表。若手アートディレクターにデザインを依頼するが、
ポスターにはそれぞれの個性がにじみ出る

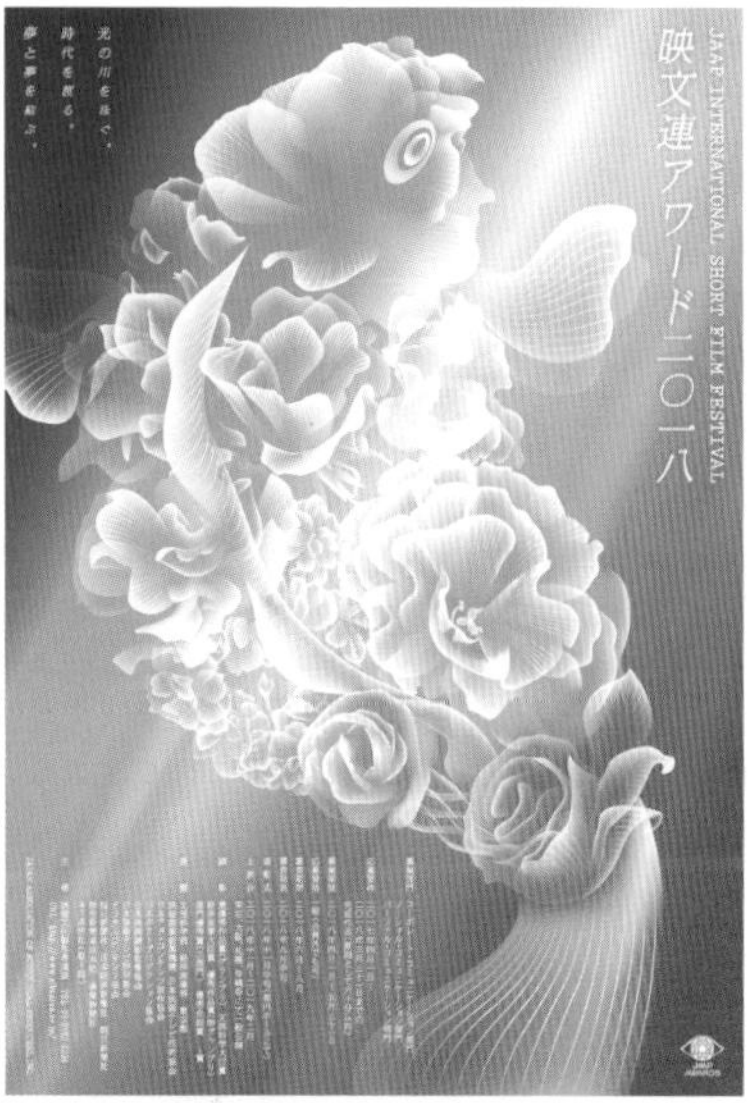

JAAP INTERNATIONAL SHORT FILM FESTIVAL
映文連アワード二〇一八
光の川を泳ぐ。
時代を渡る。
夢と夢を結ぶ。

あらたな　物語が　はじまる

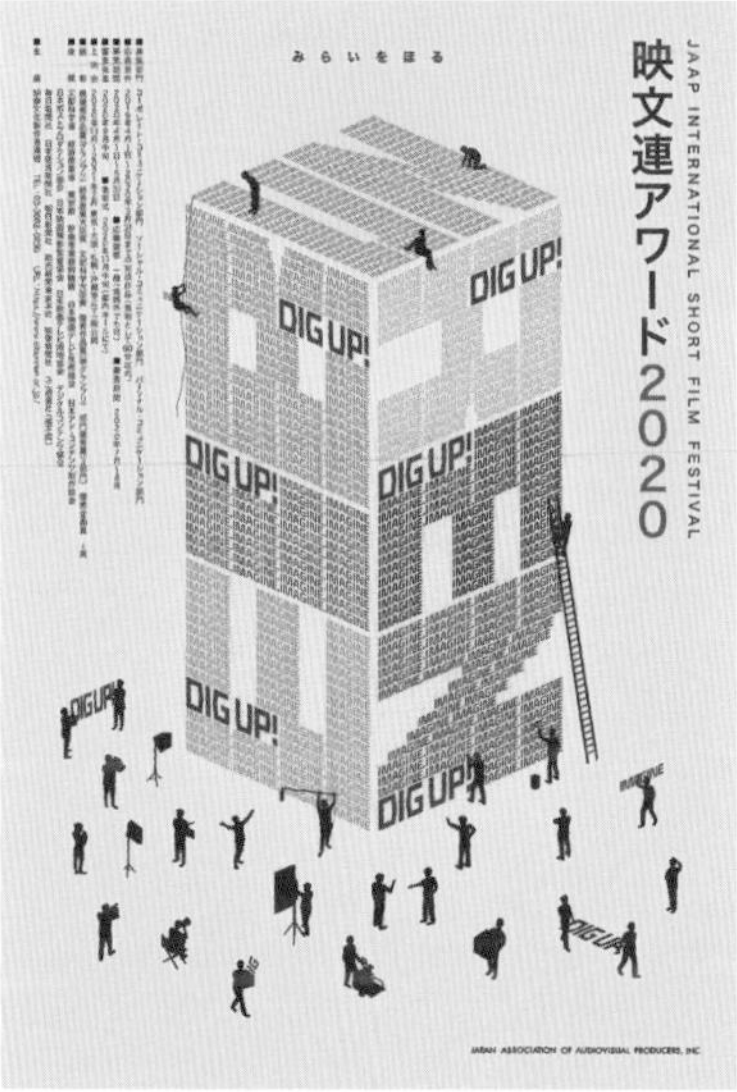

みらいをほる
JAAP INTERNATIONAL SHORT FILM FESTIVAL
映文連アワード2020
DIG UP!
JAPAN ASSOCIATION OF AUDIOVISUAL PRODUCERS, INC

創造力は、永遠の航海である。
TANPEN 10TH AWARD
映文連アワード
2016
JAAP INTERNATIONAL
SHORT FILM FESTIVAL
JAPAN ASSOCIATION OF AUDIOVISUAL PRODUCERS, INC.

時事通信ホールでの表彰式（2007〜2011年）

時事通信ホール入り口の受付

初めての個人賞・ニュークリエイター賞を受賞したエドモンド楊氏（2009年）

経済産業大臣賞を授与されるデジタルスタジオ・ジャパン 植田貴司氏（2011年）

部門優秀賞の講評をする二次審査委員（2010年）

国立新美術館講堂での表彰式（2012〜2022年）

最優秀作品賞を授与されるテレコムスタッフ大伴直子氏と伊勢朋矢氏（2019年）

最優秀作品賞を受賞し、喜びの言葉を述べる市川海老蔵氏（2021年）

国立新美術館講堂内

受賞の喜びを述べる文部科学大臣賞受賞のチーム谷四 西岡眞博氏とフクダヒデコ氏（2018年）

受賞作品上映会

10周年特別上映会（IMAGICA ／2016年）

東京（富士フイルム麻布本社ホール／2010年）

沖縄（沖縄県立博物館・美術館／2015年）

大阪（大阪市中央公会堂／2010年）

コロナ禍での東京上映会（ユーロライブ／2021年）

札幌（札幌プラザ2.5／2015年）

トークセッションに登場した人々

「小惑星探査機 はやぶさの冒険〜フルCGで映像化〜」(2011年)上坂浩光氏と吉川真氏

「国境を越える短編映像の可能性」(2009年)安藤紘平氏、エドモンド楊氏ほか

「日本の芸能 浪曲の世界を描く」(2018年)玉川奈々福、沢村豊子、田島空の各氏

「話題性をプロデュースする」(2012年)志村ふくみ・洋子氏と中村裕氏

「コロナ禍で創る」(2021年)
宮部一通、鎌田裕一、馬詰正、高橋一生の各氏、モデレーターは松本貴子氏

審査風景

第１回の本審査（日本橋室町事務局／2007年）

パーソナル・コミュニケーション部門の一次審査（日本橋小網町事務局／2016年）

ソーシャル・コミュニケーション部門の一次審査。55インチのモニター導入後、ゴーグルを使ってVR映像を視聴。（日本橋小網町事務局／2019年）

短編映像の可能性を拓く——「映文連アワード」15年の軌跡

はじめに

映文連とは

映像文化製作者連盟（通称：映文連）とは、主として非劇場系の映像製作会社（プロダクション）で組織された団体で、一九五三年に発足した教育映画製作者連盟を前身とし、六九年に社団法人映像文化製作者連盟と改称した。二〇一〇年に事業活動の公益性を認められ、公益社団法人に認定されるという経緯を経た歴史のある映像製作者の団体である。

私は、二〇二〇年六月に映像文化製作者連盟事務局長を定年退任した。事務局長に就任したのが二〇〇七年九月であるから、一二年九ヶ月関わったことになる。

私が、当時まだ珍しかった女性という立場で、映文連の第四代事務局長に就任した年に、短編映像祭「映文連アワード」は始まった。「映文連アワード」は、幅広いメディア作品を一堂に集め、「プロフェッショナルのための映像祭」として創設され、一般の商業用娯楽映画とは異なる短編映像コンテンツの魅力を伝えようとする、特色のある映像祭である。

就任時の私の使命の一つは、この映文連アワードを立ち上げて軌道に乗せることで、右往左往しながら映像祭運営を進めてきた。

創設当時、フィルム映画の時代が終わってデジタル化が進展し、旧来の短編製作は曲がり角に来ていた。立ち上げたばかりの映文連アワードを盛り立てていくことは大きな命題であった。この約一三年間には、リーマンショックや東日本大震災、新型コロナの感染拡大と予想もできない出来事に次々と直面した。その都度、上手く乗り切れるだろうかと、母体を心配しながらのハンドリングの日々であった。

奮闘の甲斐あってか、二〇〇七年からの一三年間で小さな映像祭ながらも存在感のある短編映像祭に育っている。映文連アワードは新聞・TV・Webなど色々なメディアに取り上げられるようになり、毎年発表するポスターが注目を集め、応募してみたいと思う映像製作者は増えた。映像クリエイターの拠り所となる映像祭に成長したといえるだろう。

放送界からの出発

事務局長に就いたとはいえ、映像祭については全くの素人だった私がどのように「映文連アワード」に関わることになったのか、自己紹介もかねて振り返ってみる。

私は、一〇代の頃から映画は好きであったが、職業として選ぶほどの明確な意識は持ち合わせておらず、漠然とマスコミ関係に進みたいと思っていた。

一九七七年に早稲田大学を卒業した後、放送業界（日本短波放送）の制作現場にディレクターとして入った。

当時、女子アナウンサーの採用は行われていたが、今のように顔を出す女性キャスターなどはいなかったし、まして裏方の制作現場に女性が採用されることはかなり珍しいことだった。新卒女子の一般職応募先はNHKと日本短波放送しかなく、大学の就職相談の窓口に行くと一〇〇人に一～二人の狭き門といわれたように思う。日本短波放送の試験を受けて比較的早く入社が決まった。先輩には東京オリンピックの頃に採用された女性ディレクターが一人いるくらいで、同期入社のもう一人の女性と私は一八年ぶりの採用といわれた。女性の作り手登用の機運が局に出てきた折でラッキーな時に巡り合わせたと思う。私が在籍した六年間は、毎年新入社員のほぼ半数は女性が採用された。

日本短波放送（現・日経ラジオ社）は、株式市況や競馬・教育番組がメインのやや特殊な放送局だが、ラジオ単営の小さなメディアであったので比較的伸びやかにさまざまな仕事をさせてもらった。制作部からスタートし、文部省や通商産業省の月例経済報告など、ストレートトークの番組を担当しつつ、若者向けの番組にも関わった。局には際立った制作感覚を持つディレクターがおり、その一人、小西勝明氏が担当する若者向け番組「ラジオ青春文庫」にADとしてついた。

真剣に向き合わねばならない番組も担当した。「重い障害児のために」など福祉問題を扱ったドキュメンタリー番組は、全国各地の障害児をケアする福祉現場や家族を取材し、録音構成するものであった。この分野では大御所のディレクター・大野智也氏について色々と学ばせてもらい随分鍛えられた。

日本短波放送の六年間は、制作部と報道部に所属し、いくつか番組を担当させてもらったが、一九七九年四月からは、一般家庭に出向いて放送する「パッチリ・7」という朝七時から九〇分の生ワイド番組を担当した。

この番組は、プロデューサーやディレクター、アナウンサーなど七人で、企画や取材、送出まで全て〝女性スタッフでの番組づくり〟をキャッチフレーズにしていた。局の戦略の一つだったと思うが、毎年制作現場に女性を採用してきたがゆえに可能になった番組で、随分マスコミ取材も受けた。〝女性〟を売り物にするのはあまり嬉しくなかったし、反発も覚えたが、一般家庭にマイクを持ち込み、地域の問題を取材したり、生活ぶりを伝えることは、スタジオにゲストを招いて話を聞くのとは一味違う新鮮さがあった。

自分自身の企画でも、女性作家を取り上げた「ニューウェーブ'80」という特番を組んだことがある。当時は文壇に中島梓や中沢けい、新井素子、山本多津など続々と女性作家が登場した頃で、対談やインタビュー（池田理代子氏）、ミニドラマ形式で番組を制作した。小さなラジオ局ゆえに色々な番組に携わらせてもらうことができ対応力が身についた。

二〇代の頃は、忙しい仕事の合間を縫って映画やコンサート、演劇もよく観に行った。高校まで文化的な環境がそれほど豊かではない地方都市に育った私は、上京して何に感激したかといえば、東京ではさまざまな国の映画を観ることができることであった。ちょうど岩波ホールが「エキプ・ド・シネマ」という名作映画上映の活動をスタートした頃でもあり、サタジット・レイ、イングマール・ベルイマン、アンドレイ・タルコフスキーなどの映画はもの珍しかったし、興味をそそられた。一般の配給ルートには乗りにくい芸術性の高い外国映画を上映する活動の恩恵を受けたわけである。ウディ・アレンの映画もよく見たし、一九七〇年代後半は、ちょうど女性監督の映画の隆盛期でフランスのアニエス・ヴァルダ、ドイツのヘルマ・サンダース＝ブラームス、日本の羽田澄子など岩波ホールで上映された映画はよく観た。

局のディレクターとして番組を持っており、映画紹介もよくやった。岩波ホール総支配人高野悦子さん、宮城まり子さんなど映画関係者にインタビューしたこともある。ラジオの世界だけでは満たされない自分がいたことも確かだろう。

映像への夢捨てがたく

色々な方々との出会いがあり、多くのことを学んだラジオ局時代であったが、映像への夢を捨てがたく、三〇歳を前にしてラジオ局を辞めた。

実は、四年目あたりから映像への思いが募り、イメージフォーラム映像研究所の講座で映画について学んでいた。講座では数多くの実験映画やビデオを鑑賞し、映像制作のため、当時は高額だったソニー製のビデオカメラとVTR収録機器を、ボーナスをつぎ込んで購入し、自主制作の課題をこなしたりもした。その後、ラジオ局は六年で辞めることになる。決断を後押ししたのは、同期のアナウンサーが取材中に急死したことだった。予想もしなかったことが何時起こるかもしれない、やりたいと思うことがあれば、やらなければと決心した。

そして、気持ちを切り替えるべく、一九八三年春、ニューヨークへ脱出する。

宿泊先も碌《ろく》に決めず、かなり無謀な渡航であったが、知人女性を足がかりに、NYでは最初日本人女性のマンションに居候した。続いて、ソーホーの日本人アーティストのロフトに住まわせてもらい、大学の留学生用の講座で語学を学びながら、美術や映画鑑賞三昧の日々を送った。映画は約半年で一〇〇本くらい観た。米国の娯楽大作ではなく、どちらかといえば、ヨーロッパや英語圏以外の映画を数多く見たと思う。字幕入りの映画のほうが理解しやすかったからだ。

そんな日々を過ごし、自己資金も尽きてその年秋に日本に戻る。そして、紹介により翌年春から電通映画社で映像の仕事に関わることになる。

いちからの再出発——映像制作の現場へ

電通映画社は、大手広告代理店の傘下にある老舗の映像制作会社で、企業映像を始めとして博覧会映像やイベント映像などさまざまな映像を制作していた。

そこで短編映像の制作・ADの仕事についた。まず、プロデューサーの塚田芳夫氏との仕事が挙げられる。当時、塚田氏は企業VP（ビデオパッケージ）、企業館の展示映像からTV番組の企画まで多岐にわたる仕事をしていたが、その中で電通の新井満氏と組んだ環境映像やアーティストの作品集（横尾忠則「千年王国」や白川義員写真集「アルプス・ヒマラヤ」）の構成などを手伝った。そして、私自身も比較的早い段階で『AKOGARE——竹久夢二作品集』（一九八五）という作品の構成・演出をさせてもらった。

一九八〇年代は、まだ産業映画が必要とされていた頃で、電通映画社には大掛かりなフィルム作品もあり、東芝や味の素などの企業PR映画の制作や助監督にもついた。国内ロケだけでなく、海外ロケもあり苦労も多かったが、ドイツやイタリア、アメリカ、パキスタンなどに行く機会もあって、楽しくもあった。

電通映画社以外の仕事でも一九八六年には、ラジオ局時代に知り合った河内紀氏（テレコムスタッフ）による井上陽水のコンサートを収録した映像の編集ADをやった。また、岩波テレビ映像では高橋宏暢氏の下で企業館開設の調査の手伝いをしながら、桜島ビジターセンター展示映像の演出もさせてもらった。ラジオ番組のディレクターをやっていたこともあり、比較的早く脚本を書き、構成・演出の仕事を任されたのはラッキーだった。

映像ディレクターとして

本格的な演出としては、一九八九〜九〇年、新しく完成する東京都庁一階の都政情報センターの展示映像を担当したことが挙げられる。「東京の行政」「東京の変貌」という二つの展示映像は、都内の各所をテーマに即して撮影し、短い映像をたくさん制作した。脚本は坂口康氏であった。普段は行けない場所や施設にも行き、東京の種々の側面を知った。多くの企業VP、博物館・ミュージアムの企画・映像演出、博覧会の企画などに携わったが、女性監督であるためか、どちらかといえば、展示映像や企業でも社員教育的なものを多く担当したように思う。

もっとも長期にわたり関わった作品は、栃木県にある作新学院の周年記念映像の演出である。作新学院は、高校野球で江川卓氏の活躍が記憶に残る学校であるが、この作新学院の一一〇周年作品として『日々に新たに――一校一家の心を継ぐもの』を演出した。学校の創設者・船田兵吾氏の建学の精神とそれを受け継ぐ人々を描くもので、一九九四年から九五年にかけて七〇回ほど宇都宮へ通い、幼稚園から大学まである学校の授業や部活・行事などを撮影するとともに、学校の歴史部分は再現ドラマに仕立てた。担当の先生方や副学園長（当時）の船田るみ氏は気さくな方で楽しいロケであった。私としては入魂の一作であったが、完成後に事情により短期間の使用となってしまった。予期せぬところから状況の変化は起こり得るのだと思った。

企業VPでは、セブン＝イレブンや電通の社員教育関連の映像をシリーズで何本か演出した。セブン＝イレブンでは、店舗指導に当たる担当者の仕事紹介を、電通の新入社員向け映像では、社史や部署紹介のほか、先輩社員たちのインタビューなどを盛り込んだ。

博物館・ミュージアムの展示映像関係では、宮城県慶長使節船ミュージアム、蒲郡海洋情報センター、日本新聞博物館、吉田秀雄記念事業財団・アドミュージアム東京、味の素・食とくらしの小さな博物館（展示）、愛・地球博JR東海超伝導リニア館・環境省エコリンク（展示）などがあり、博覧会・イベントの映像関係では、グリーンフェア'93いばらき、

TAMAらいふ21オープニング映像、全国植樹祭テーマ映像などの企画・映像演出をした。

その企業の歴史や事象の歩みをヒアリングして、展示施設としてどう見せるかを考え、具体的な展示や映像に落とし込んでいく仕事は、私の性に合っていた。展示の専門家が全体をプランニングすることもあれば、企画の段階から携わることもあり、華々しさや爆発力はないが、緻密なリサーチとそれに基づく表現手段の構築はおもしろかった。

博覧会の映像は、その期間限定のもので、イベントが終了すればそれで終わりという儚いものだが、博物館・ミュージアムの展示映像は、企画からオープンまで比較的時間をかけて進行し、かつオープン後も一定期間は展示映像を閲覧してもらえるという、作り手としては嬉しいサイクルがあった。しかし、大手広告代理店傘下の制作プロダクションで仕事をしていたため、大きなプロジェクトに携われる幸運は感じていたが、大掛かりな制作体制の中で個人が活かされることは少ないとも感じていた。

年齢的なこともある。四〇代を過ぎると企業ものの担当は厳しいこともあり、このあと何をすべきか迷っていた。個人的には、住環境の切実な問題に巻き込まれ、建物保存運動に関わったこともあり、ちょうど『チェンジメーカー』という本が出た頃で、何か目的を持った活動で社会貢献できるような仕事をしたいと漠然と思っていた。そんなところへ映文連事務局への誘いが入る。

つくる立場から転じる

映文連事務局へ入る誘いを受けたのは、二〇〇七年四月中旬であった。当時、副会長であった塚田芳夫氏に声を掛けられて話を聞いた。当時の事務局長の体調が悪く、手伝ってもらえないかとのことであった。私はとりあえず二ヶ月程度のサポートとして、仕事の引き継ぎを行い、事務局へ入局し、五月連休明けから事務局長代行として「映文連アワード」に携わるようになる。

その後の一三年間は、瞬く間に過ぎたような気がする。経済不況や大震災、新型コロナ感染拡大と大きな出来事に次々に直面した。この間、メディア状況は激変し、短編映像の置かれている状況も大きく変わった。いまや誰もが簡単に映像をつくれる時代になり、ネットで動画を発信する人も増え、映像のプロフェッショナルも安穏としていられなくなった。まさに短編映像が注目される時代を迎えている。

この本が目指すのは、私が携わった短編映像祭「映文連アワード」の一五年間を通して、映像祭の歩みを詳述し、短編映像のおもしろさや可能性を伝えることである。映文連アワードは個性的で小さな、手作りの映像祭ではあるが、主催した立場から運営の苦労や受賞作の魅力を書き記し、短編映像のおもしろさを知ってもらいたいと思っている。

第一章では、「映文連アワード」とは何か、映像祭誕生の背景と概略と述べ、第二章から第五章では、二〇〇七年から二〇二二年までを四期に分けて映文連アワードの実際と運営の苦労などを振り返り、テーマやポスターデザイン、主要な受賞作品や新しい試み、トピックなどを紹介している。第六章では、映像祭の成果として映文連アワードから巣立った若いクリエイターの活躍を取り上げ、第七章では、メディア環境の変化を踏まえて、映文連アワードを総括し、課題と展望をまとめている。また「コラム」として、応募から上映に至る過程での印象に残る出来事を書き記している。巻末には、参考として映文連アワード一五年間のポスターとキャッチコピーの変遷と、受賞作品の中から主要受賞作品一覧を掲載している。

公になっているものとしては『映文連アワード特集号』や「事業報告」、ホームページに掲載していたブログやFacebook、メモ魔だったので私の手帳などの記載をもとに記憶を紐解いてみた。その年を端的に表すため、映文連アワードのキャッチコピーも使用している。

なお、文中で取り上げた方々の肩書きは当時のもの。その後、逝去された方もおられるが、「故」は省かせてもらった。

多くの方々に短編映像の魅力を知ってもらい、短編映像を製作して、映像祭に応募してみたいと思う人が増えてくれれば、幸いである。

目次

はじめに　003
映文連とは／放送界からの出発／映像への夢捨てがたく／いちからの再出発——映像制作の現場へ／映像ディレクターとして／つくる立場から転じる

第一章　「映文連アワード」とは　023
なぜ「短編映像祭」なのか／映像祭立ち上げの背景／「映文連アワード」開始へ／映文連アワードの審査／映像祭の運営

第二章　「映文連アワード」の歩みI　草創期　2007–2010　035
第一回「映文連アワード2007」　036
プロフェッショナルのための映像祭／走りながら整えていく／受賞作を選ぶ／第一回最優秀作品賞（グランプリ）の決定／準備に奔走し、迎え

る表彰式
第二回「映文連アワード２００８」 044
二つの大臣賞を設ける／ドイツの WorldMediaFestivalsへ／世界は、短編の中にある。
第三回「映文連アワード２００９」 054
〃imagine〃／審査に一〇段階方式採用／初の個人賞に Edmund Yeo（エドモンド楊）氏／国境を越える短編映像の可能性
第四回「映文連アワード２０１０」 064
公益社団法人としてスタート／〃夢も想像力もメガ盛り。〃／九〇歳の現役俳人金子兜太氏のドキュメンタリー／札幌と沖縄で初の地方上映会
Column 1　**作品募集とポスターデザイン** 071

第三章　「映文連アワード」の歩みII　展開期 2011–2015

075
第五回「映文連アワード２０１１」 076
東日本大震災の発生／〃このほしの　このくにの　このまちの　あなたと。〃／「はやぶさ」の地球帰還を描く／新しいＨＰ開設と表彰式での試み／

染織家の志村ふくみさん上映会に／五周年特別上映会――映像が〝記憶〞すべきもの／事務局、日本橋小網町へ移る

第六回「映文連アワード2012」 090

デジタル時代の到来／〝この時代を…、愛してる。〞／戦災体験者の証言を記録する／国立新美術館での表彰式／制作者は三・一一とどう向き合ったか／震災復興支援　仙台上映会と札幌上映会／人材育成セミナーTANPEN（短編）塾の開始

第七回「映文連アワード2013」 107

〝ゆめまくひと〞／全編3D制作したドキュメンタリー／六〇周年記念特別上映会

第八回「映文連アワード2014」 114

〝あらたな　物語が　はじまる〞／「宇宙への憧れ」を物語る企業映像／Facebookを始める／女性たちが短編映像をもっと面白くする?!

第九回「映文連アワード2015」 124

〝明日をみつめる。　記憶をつたえる。〞／優れた「わざ」を浮かび上がらせる作品づくり／渋谷・ユーロライブでの初上映会／若手監督が語る「映像の可能性を求めて」／沖縄上映会

Column 2　**上映プログラムを組む** 133

第四章　「映文連アワード」の歩みIII　成熟期　2016–2019　137

第一〇回「映文連アワード2016」　138
〝創造力は、永遠の航海である。〟／初のｉ賞（個人賞）に八代健志氏／この一〇年　一〇のまなざし〜Ten years, ten views〜

第一一回「映文連アワード2017」　146
〝EUREKA（われ、発見せり。）〟／出産をテーマにアニメーション／アニメーション特別上映会「大藤信郎を継ぐもの」

第一二回「映文連アワード2018」　154
クロッシング／高精細８Ｋによる新たな生命科学映画／玉川奈々福さん、上映会トークに登場／中之島会館での初上映会／『ニジェール物語』原作のフクダヒデコさん、札幌上映会に登場

第一三回「映文連アワード2019」　165
世界劇場×百花繚乱／「ひと夏の群像劇」で〝粋〟を伝える／人生の選択をも左右する企業映像／塚田芳夫氏に特別功労章／文部科学大臣賞を受賞しての札幌上映会

Column 3　製作者の思いが溢れる表彰式　174

第五章　「映文連アワード」の歩みⅣ　転換期　2020–2022　177

第一四回「映文連アワード2020」　178
Dig（掘り起こす）／映像制作ガイドライン作成と事務局長退任／『ごんぎつね』に新たな解釈を加えたアニメーション／コロナ禍での表彰式と上映会

第一五回「映文連アワード2021」　186
Reborn（新生）／Web作品の応募増える／歌舞伎の舞台裏に迫るドキュメンタリー／市川海老蔵さん　表彰式に登壇／上映会トークをYouTube公開

第一六回「映文連アワード2022」　193
Timeless／石ノ森章太郎の漫画『ジュン』を題材にしたアートアニメーション／短編は「多様性」を表す／製作者の背を押して

Column 4　地方上映会（札幌）　202

第六章　若手監督たちの活躍　205
新しい才能を見いだす／ジャンル・国境をこえて／共感を呼ぶ物語を／感覚を研ぎ澄まして／海外留学からの出発／活躍する女性監督たち／

卒業制作を出発点に／自主製作と委託製作の間で／等身大の若者を描く／海外へ飛躍するアニメ作品

第七章　変わるメディア環境と映像祭の課題　233
変わるメディアと短編映像／利用状況の変化／映像制作環境の変化／オンライン授業、コロナ禍で加速／映像祭運営の課題／認知度は上がったか？／観客層の課題／運営資金について／国際化について／幕を閉じる映像祭／映像祭に求めるもの、求められるもの／どのようにバトンを渡していくか／映像祭のこれから／短編映像の可能性

おわりに　261
映文連アワード　ポスター・キャッチコピーの変遷　273
映文連アワード主要受賞作品一覧　289

第一章

「映文連アワード」とは

なぜ「短編映像祭」なのか

「映文連アワード」は、「短編映像祭」と銘打っているが、折に触れて、なぜ「短編」映像なのか、問われ続けてきた。辞書を引けば、短編とは「詩歌・小説・映画などで短いもの」とある。我々の使う「短編」映像とは何かという点から語ろう。

映文連アワードの応募作品は、企業PR映像やWeb映像、展示映像、TV番組（地上波以外）など、ジャンルは多岐にわたる。上映時間は原則六〇分以内であるが、短い作品もあれば、長い作品もある。我々のいう「短編」は、いわゆる「長編」を撮る前のエチュードとしてのショートフィルムとは少し異なる。それは、一九五三年に設立された映像文化製作者連盟の成り立ちとも大きく関わっている。

映像文化製作者連盟（略称：映文連）は、一九五三（昭和二八）年に任意団体「教育映画製作者聯盟」として発足し、五七年に「社団法人教育映画製作者連盟」となり、六九年に「社団法人映像文化製作者連盟」と改称した。そして、二〇一〇（平成二二）年、新公益法人制度のもと「公益社団法人映像文化製作者連盟」として新たにスタートした団体である。その目的に即して、主に映像祭の主催や映像製作の実態に関する調査・研究などの事業を行っている。

映文連アワード発足の時、「マニフェスト」を草稿してもらった吉原順平氏の著書『日本短編映像史』（二〇一一年、岩波書店）には、「短編」を定義することは、長さからも中身からも難しいとしつつ、「映画館以外の場所での使用を想定して製作される作品」とし、次のように述べている。

「『短編』として製作されている映像作品には、映画の時代の用語を使えば、文化映画、教育映画、教材映画、児童映画、漫画映画、ニュース映画、記録映画、ルポルタージュ映画、ノンフィクション映画、ドキュメンタリー映画、プロパガンダ映画、科学映画、医学映画、技術映画、訓練映画、広報映画、広告映画、PR映画、産業映画などさまざまに呼ばれるものが混在する」が、意味ある概念が導かれるわけではないとしつつ、「劇映画には系列化した映画館という流通システムがあり、テレビ番組には免許された電波という流通システムがあるが、短編映像は自前の流通システムを持っていない」とある。つまり、自前の流通システムを持たない短編映像の製作者たちは、自ら製作費を投資して製作する「自主作品」や発注者である企業や行政から支払われる製作費で製作する「委託作品」として作品を作ってきた。短編映像ではこの「委託製作」が大きな役割を果たしている。フィルムの映画に始まり、ビデオ、デジタルとメディアの技術革新は進み、今や「映画館の外の映画」といわれてきた短編映像は、最先端の技術を用いる展示映像やWeb映像まで含む多様な映像の総称とされている。そういう発展の歴史を背負ったのが「短編」映像なのである。

映像祭立ち上げの背景

「映文連アワード」の出発点を振り返る。

映像祭を立ち上げる二年前の二〇〇五年末、一九六一年より四三回にわたって続いてきた「日本産業映画ビデオコンクール」の主催団体が解散することになり、同コンクールは終了した。産業（企業）映像を顕彰する映像祭がなくなることは、映像製作者のモチベーションを低下させるだけでなく、映像製作者とスポンサーの交流の場を狭くし、ひいては市場に悪影響を及ぼす懸念があった。同種の映像祭を何らかの形で継承する事業スキームが必要となり、それに替わる新たな映像祭の立ち上げを検討することになった。当時業務執行の決定を行う理事会に構想が提案され、ショートフィルム・ルネッサンス委員会でその方向性が検討された。

新たな映像祭立ち上げの推進役を担ったのは、二〇〇三年から映文連副会長を務めていた塚田芳夫（当時・電通テック取締役）であった。

映像祭の開催趣旨としては、「業界のフラッグシップを顕彰する映像祭」であることであった。しかし、最初からメディアを巻き込んだ大規模開催には無理があり、当面は助走段階と考え、まずは「小さく生んで大きく育てる（Think big, start small）」形でスタートする。事業の根幹となる収入の確保については、協賛金などを理事各社で検討していくというものであった。

映像祭の切り口としては、二一世紀にふさわしい映像産業隆盛のためのインキュベータとして機能することを目指し、作品の企画性や独創性、手法の斬新さ、新しい才能（新人）を発掘し、顕彰することを主においた。

「映文連アワード」開始へ

どうすれば映像祭を開催できるか、二〇〇六年は模索が続いた。

当時、映文連は、日本の映画祭として歴史のある「科学技術映像祭」や「教育映像祭」の主催団体に名前を連ねるなどしていたことから、応募方法等の参照が可能であった。応募要綱や参加申込書などを参考にし、試行錯誤を重ねた。

一年かけて予算規模などの課題を整理し、分科会で立ち上げのための検討を加え、二〇〇七年四月から映像祭をスタートさせた。

初回は、映文連会員を対象とし、「映文連アワード2007」というコンパクトな呼称を用い、短編映像業界のフラッグコンクールとして「日本映像文化フェスティバル」(仮)に繋げていくプレ映像祭の位置付けで始まったのである。

他の類似の賞との差別化を図り、「映文連アワード2007」の創設趣旨を明確にするため、当時ドキュメンタリーDVD選集の企画に協力してもらっていた前出のプランナーの吉原順平氏に相談して「マニフェスト」を策定し、審査の基本方針とした。

映文連アワードは「プロフェッショナルによる、プロフェッショナルのためのコンクール」として、「マニフェスト」には映像祭を立ち上げる映文連の「歴史と沿革」に始まり、その意味するものが述べられている。映文連アワードは、映像製作者が集い、自らの仕事の未来像を「作品」への評価を通じて具体的に考え、自らの未来のために有効な新しい価値を発見することを目指して創設された。その評価の根底となる理念が述べられ、三つの部門＝コーポレート・コミュニケーション、ソーシャル・コミュニケーション、パーソナル・コミュニケーションについて規定している。

映文連アワードの評価の根底となる理念とは、次のような四点である。

・「上質で責任ある視点に支えられた社会的行為」としての作品であるか
・「独創的なメディア戦略を踏まえたコミュニケーション行為」としての作品であるか

・「情報性と芸術性を高次元で統合する創作行為」としての作品であるか
・「産業的な持続性と成長性を期待させる経済行為」としての作品であるか
応募部門・賞構成・審査方法などが検討され、「映文連アワード2007」開催概要が作成された。三つの応募部門とは、企業のアウター・ブランディング、インナー・ブランディングなどを目的とし、産業または企業文化を伝えるための作品を対象とするコーポレート・コミュニケーション部門、教養（教育、文化、社会）を目的とする作品や、社会性のあるテーマを広く一般に伝えるための作品を扱うソーシャル・コミュニケーション部門、映像製作を志す学生および個人またはグループが製作した作品で、自由課題を想定するパーソナル・コミュニケーション部門である。二〇〇七年三月中旬から、ニュースリリース、ポスターやチラシの配布等による告知を準備し、四月二日より募集を始めた。

その年の五月連休明けより事務局長代行として映文連に入ることになった私は、この作品募集の最中から関わることになる。その後、九月に正式に事務局長に就任し、映像祭の運営に本格的に携わることになった。

初回は会員社のみのインナー映像祭としてスタートした映文連アワードは、当然ながら知名度もなく、応募期間の五月末までひたすら会員社に電話をかけて応募を促した。今でこそ堂々と「映文連アワード」と名乗っているが、当時は果たして頭に〝映文連〟を付けてよいものだろうかと、名称を名乗ることすら半信半疑で躊躇もあった。

映文連アワードの審査

映像祭において、受賞作品をどのように選ぶかという審査は、最も大切なところであるが、「映文連アワード」の審査は、一次審査と二次審査と二段階に分けて行う。

映文連アワードの特色の一つは、一次審査委員の構成にある。一次審査委員は、各部門五〜六名で構成し、会員社から経験豊かなプロデューサーやディレクターを派遣してもらう。制作プロダクションの団体が主催する所以でもある。

審査には、評価の基準が必要であるが、映文連アワードの場合、発足時より「マニフェスト」を基本方針としている。この基本四要件を審査基準とし、これをベースに「独創性」「構成・演出力」「映像表現力・技術力」「情報発信力」「プロデュース力」について各審査委員が点数を入れて評価する。

試写は、作品タイトルの五十音順で上映を行い、部門ごとの試写が終わると評価表の点数を集計してランキングを出す。公平を期するため、審査委員の自社作品は評価しない。記入された点数の平均値によるランキングに加え、極端な点数の入れ方がないか、上下を切った平均値も出す。スコアを検討し、議論した上で一次審査通過作品を決める。討議の結果、三〜五割の作品が一次審査を通過する。

二次審査では、一次審査を通過した作品を審査し、受賞作を決める。二次審査でもマニフェストの基本四要件を審査基準とし、各審査委員が評価する。審査委員は、外部の専門家・有識者にお願いするが、連盟からは実行委員長、事務局長らが加わる。各部門一名は、部門長としての取りまとめ役を担い、審査講評も執筆してもらう。

作品を試写して点数を入れてもらい、集計して順位をつける。あとは審査委員の討議により受賞作を選ぶ。「公平さ」を期しつつ、かつ映像祭の趣旨をどう反映させていくか、途上で議論が錯綜することもあるが、おおむね審査委員の見識に委ねられる。

最上位の賞（グランプリ、大臣賞候補）は、3部門の部門長が出席する最終審査会で決まる。最優秀作品賞（グランプリ）は、ソーシャル、コーポレート・コミュニケーション部門の上位作品の中から選ばれるが、テーマにかなった象徴的な作品であるかどうかが選考の拠り所となる。文部科学大臣賞はソーシャル・コミュニケーション部門、経済産業大臣賞はコーポレート・コミュニケーション部門で高く評価された作品の中から推薦作品を選び、各省に試写して決定される。

映像祭の運営

映文連アワードの一年のおおまかな流れは、四月から五月に作品募集を行い、七月から八月に一次審査・二次審査を実施して作品を選考する。九月中旬に受賞作品を発表し、一一月下旬に東京で表彰式と上映会を開催する。その後、一月から二月にかけて地方上映会（大阪・沖縄・札幌）を行い、終了すると後援団体などに報告書を提出し、次年度の準備をするというものである。そこに特別企画や周年事業が加われば、さらに上映会を拡大することもある。

映文連アワードを運営する事務局は、作品募集をする前にポスター・チラシのコンセプトを、映像祭を立ち上げた塚田芳夫（現・名誉会長）と相談して決め、制作会社などのアートディレクターに依頼して告知デザインを準備する。作品応募はＨＰでの告知を主に、連盟の会員や外部の制作会社、映像系の大学や専門学校、今までに応募してくれた人などにチラシやメールを送付して応募を呼びかける。応募作品は、募集期間内であれば、その都度受け付け、データを整理して審査に備える。アワード実行委員会に適宜諮りながら運営を進め、審査委員の選考や日程調整などを行う。

審査は、三つの部門（コーポレート・コミュニケーション、ソーシャル・コミュニケーション、パーソナル・コミュニケーション）ごとに行い、応募本数にもよるが、一次審査は一週間から一〇日間程度、二次審査は四日間程度かけて行う。その後、最終審査会を経て受賞作品が決まる。

発表後は、上映プログラムの作成や、受賞作品を紹介する『特集号』の編纂、協賛広告の獲得、表彰式と上映会の準備をする。海外企業映像の上映も加わるため、上映の許可取りやプログラムの作成、上映素材の準備も同時並行で進めることになり、多忙を極める。

そして、一一月下旬に表彰式と上映会の本番を迎える。一年間の集大成となる表彰式ではいかに晴れの舞台をつつがなく進行させるか、受賞作品をお披露目する上映会では作品上映やトークセッションを支障なく進め、いかに盛り上げるかが重要となる。ここに一年の仕事の成果が現れるからだ。受賞者やその関係者に喜んでもらえたり、多くの来場者があり、プログラムを楽しんでもらえれば成功といえるだろう。

年が開けると、大阪、沖縄、札幌で上映会を開催する（二〇二〇〜二一年度はコロナ禍で中止）。それが終わると助成や後援名義を受けている官庁や後援団体へ報告書を作成し提出する。そして、次の年の仕込みを行う。

毎年受賞作品や上映会の企画内容は違うが、大まかな工程はほぼ変わらない。一年があっという間に過ぎて、次の年が始まる。

映文連アワードは少ないスタッフで運営しているため、事務局長はこれら全ての業務を実働する。審査に参加し、選考経緯をまとめ、上映プログラムを組む。事務局の映像祭担当や経理総務へ作業を指示しながら、実行委員と連携しつつ事業を進め、地方上映会については地元の制作会社や支部の協力を得ながら進める。

映像祭は、広範囲にわたる人々の協力や連携なくしては成り立ち得ない。「映文連アワード」も本当に多くの方々からのご協力で進めてきた。

第二章
「映文連アワード」の歩み I
草創期
2007–2010

第一回「映文連アワード2007」

プロフェッショナルのための映像祭

第一回「映文連アワード2007」の作品応募は、四月から始まった。

ポスターは二種類、キャッチフレーズは、〝誰も観たことのない映像　誰も手がけたことのない技術　誰も体験したことのない感動〟と〝プロフェッショナルによる、プロフェッショナルのための映像祭〟であった。この言葉に映像祭を立ち上げた思いが込められていたと思う。

デジタル化によって、映像の撮影や編集技術は均一化され、プロとアマの境界が見えにくくなっていた。映像祭は、作品の完成度を高めるだけでなく、次世代の才能を見出し、作品の「切り口」を評価することに大きな意味がある。プロフェッショナルがつくった映像表現には、必ず時代背景を踏まえた「志」がある。斬新な切り口や志をもった短編映像を見出して顕彰し、それらを広く見てもらうことで「映像のプロ」の価値も上がっていくのではないかと考えられたのである。

ポスターデザインは、「目」を印象的にフューチャーしたものにした。映像をつくるもの、映像クリエイターにとって、「目」はまさに表現者の象徴であり、「目」＝「見る」＝「映像」というモチーフを用い、強いインパクトのあるポスターとなった。

初回は、会員及び会員の推薦者のみを応募対象（パーソナル・コミュニケーション部門は連携する学校からの推薦作品）とし、応募要件は二〇〇五年四月一日から二〇〇七年三月末までの過去二年間に完成した作品とした。応募締め切りは、当初連休明けの五月一〇日であったが、その時点で応募本数は芳しくなく、五月末まで延長する。事務局経験のない中、連盟にとって最重要行事である通常総会の準備をしながら、会員社に電話をかけて応募を呼びかけた。当時、事務局は局員が一新されたので、総務・経理を手伝ってくれる女性とともに応募受付をしながら作品リストも作成し、全体像をつかんでいくといった状況だった。

締め切ってみると「映文連アワード２００７」は、北海道から沖縄まで会員の制作会社から数多くの作品が寄せられ、コーポレート・コミュニケーション部門五四作品、ソーシャル・コミュニケーション部門六八作品、パーソナル・コミュニケーション部門一五作品の計一三七作品と予想を超える応募数になった。

走りながら整えていく

映文連アワードは、第一回は会員社のみのインナー開催であったし、大きな枠組みは出来ていたものの、立ち上げたばかりで審査や上映会、表彰式の詳細もまだ決まっていなかった。走りながら整えていった感がある。実行委員会や審査委員会でその都度、詳細を確定し、実施に移す。一つ一つつくりあげていくため、緊張感とともにやり甲斐もあった。私は二ヶ月事務局長代行に就いた後、前任の事務局長の退任を受けて、九月より正式に事務局長に就任し、全面的に関わることになる。

審査は、二段階審査で行われた。初回の審査期間は六月から一〇月末までと長く、受賞発表は一一月初旬を予定していた。一次審査は、六月末から七月中旬にかけて部門毎に、七日間にわたって実施した。会員各社より推薦を受けた経験豊かなプロデューサー・ディレクター一五名を中心とした一次審査委員が審査に当たった。審査は、マニフェストの基本四要件を審査基準とし、これをベースに「独創性」「構成・演出力」「映像表現力・技術力」「情報発信力」「プロデュース力」について、五段階方式で各審査委員が加点し、総合点で順位をつけた。

第一回映文連アワードの大きな特徴は、この回のみ「公開審査」を行ったことである。一次審査の後、これまで実施してきた短編映像を上映する「ショートフィルム・ショーケース」の一貫として、全応募作品一三七作品の公開上映を行った。九月一〇日から七日間、築地・電通テック試写室を借りて部門ごとに上映し、会員の方々に審査に参加してもらった。試写室は定員四〇名だったため、事前登録制にして参加者を募ったが、できるだけ多くの人に鑑賞してもらい、開かれた映像祭にしたいという思いがあった。

審査委員による一次審査と公開審査の結果を加味して、一次審査通過作品としてコーポレート・コミュニケーション部門二五作品、ソーシャル・コミュニケーション部門二四作品と長編四作品、パーソナル・コミュニケーション部門七作品を決定し、一〇月中旬に三日間にわたり「本審査」を行った。

受賞作を選ぶ

本審査に当たる二次審査委員は、当時DVD選集の企画委員を務めてもらっていた吉原順平氏（映像・展示プランナー）、渡部実氏（映画評論家）、原田健一氏（映像メディア研究家）の三氏に委嘱し、映文連側から八木信忠会長、塚田副会長のほか、私も含めて五名が参加し、計八名で審査した。

賞の名称は、本審査まで「グランプリ」と「部門優秀賞」以外は定まっていなかった。どんな作品を選ぶか。マニフェストの基本四条件を基本としつつ、映文連アワードらしい、今までにない斬新な切り口を持つ作品、志のある作品を選ぶことを申し合わせた。

誰に賞を贈るかも大きな問題であった。製作者の団体が立ち上げた映像祭であったため、プロフェッショナルな製作者（プロデューサー）を表彰すべきだと考え、製作会社のプロデューサーなどに賞を贈ることとした（パーソナル・コミュニケーション部門に応募した個人作品の場合は、製作した監督に贈られる）。

映像製作を依頼したクライアントの扱いについては、映文連アワードは製作者団体が立ち上げた映像祭であるため、製作者がクライアントを表彰するのはおこがましい、出すぎていると考え、製作者ファーストを貫いた。その後もこのスタイルは堅持されている。

第一回最優秀作品賞（グランプリ）の決定

三日間の本審査を経て、第一回映文連アワードの受賞作品二四本が決まった。

最優秀作品賞（グランプリ）には、『やーさん ひーさん しからーさん――集団疎開学童の証言』（製作：シネマ沖縄／クライアント：沖縄県平和祈念資料館）が選ばれた。沖縄県平和祈念資料館で上映された展示映像であるが、「やーさん」はひもじさ、「ひーさん」は寒さ、「しからーさん」はさびしさを指す。この作品は沖縄戦史でも語られることの少なかった学童集団疎開の全体像を描いている。

演出・脚本の謝名元慶福《じゃなもとけいふく》さんは、取材した一〇〇人を超える証言者の、一〇〇時間を超える証言の中から大勢の学童の体験や思いが背後にあることを考えながら、心を鬼にして必要最小限の言葉やカットを選んだという。製作した吉田尚子さんは、「戦争体験者や戦争を知らない若い世代の多くの方々に観ていただき、戦争の悲惨さ、学童疎開の厳しさ、二度と戦争はあってはならないという戦争体験者の平和に対する熱い思いを伝えていきたい」とインタビューで語っている。

『やーさん ひーさん しからーさん――集団疎開学童の証言』（写真提供：徳吉裕）

高齢化した体験者の証言を発掘し、周到な構成で冷静に次世代に伝える映像による現代史となっており、テレビでも劇場映画でもない映像メディアの使命と可能性を示している作品として選ばれた。

その他に優秀作品賞（準グランプリ）三作品、ソーシャルとコーポレート・コミュニケーション部門の部門優秀賞各五作品（パーソナル部門は部門優秀賞一作品と部門奨励賞二作品）、優秀企画賞五作品、優秀技術賞二作品の二四作品が選ばれ、一〇月二三日にＨＰで受賞発表し、表彰式の準備を始めた。

準備に奔走し、迎える表彰式

映文連事務局は、八月に映像祭担当一名、九月に総務・経理担当一名が入局し、女性スタッフ三人という陣容になった。

受賞作品の発表後、表彰式を迎えるまでの一ヶ月半は激務でてんやわんやとなった。前章でも言及したが、会場の下見や打ち合わせ、受賞作品を紹介する『特集号』の編集、「世界の優秀企業映像を見る会」の仕込み、賞状やトロフィーの準備、出欠確認や席割りなど、全て初めてのことなので試行錯誤しながら、事務局業務のかたわら奔走した。

運営予算は限られているため、当初、表彰式は、年明けの会員懇親会の中で行うか、できるだけ他の行事と抱き合わせで費用を抑えて実施しようとしていた。しかし、映文連は、海外の優れた企業映像を紹介する「世界の優秀企業映像を見る会」を毎年開催してきており、その上映会はすでに九回を数えていた。これと併催する形で式典を開催できないかと考え、ふさわしい規模のホールを借りて、午前中は「映文連アワード」表彰式を、午後は「日本と世界の優秀企業映像を見る会」を開催することになった。

会場として選んだのは、築地にある時事通信ホールだった。大手通信社が新しく開設したホール（定員二七六人）で規模も最適であり、メディアへの表出もイメージが良かった。ただし、上映するには難点もあった。映像を上映するのに望ましいプロジェクターの明るさは七〇〇〇ルーメンだが、当時は四〇〇〇ルーメンしかなかった。会員社の協力を得てプロジェクターを持ち込み、出来るだけより良い上映環境での開催を目指そうとした。

受賞発表直後には、受賞作品を紹介する公式パンフレットとなる『特集号』に掲載する協賛広告を会員社にお願いした。一九社の協力により何とか費用の目処も立った。

そして、一二月一二日の表彰式を迎える。式の開始は午前一〇時だ。理事社や会員社から派遣協力してもらったスタッフが朝から事前の打ち合わせに基づき、バタバタと各々の持ち場の準備をして式典開始に備える。

準備が万端に整い、会場に出席者がほぼ入場したところで予期しないことが起きた。

表彰式では、来場者に『映文連アワード２００７ 特集号』を配布することになっていたが、何とグランプリ作品のタイトルに誤植があったのだ。『やーさん ひーさん しからーさん』が『やーさん ひーさん しらかーさん』となっていた。全く気付かず、式の始まる直前に指摘されて青くなった。よりによってグランプリ作品のタイトルを間違えるとは……。誤ちは思いがけないところに潜んでいたのである。

そんな失敗もあったが、表彰式自体は順調に進んだ。午後には「第一〇回 日本と世界の優秀企業映像を見る会」を開催し、夜は、近くの会員社の食堂を借りて、ささやかな受賞を祝う会を催した。何はともあれ、映文連アワード表彰式が終わり、ほっとした。

第二回「映文連アワード2008」

二つの大臣賞を設ける

二〇〇八年、「映文連アワード」は二年目を迎えた。世の中ではウェブ2・0の潮流が顕著になり、ネット社会の必然か、文芸誌から映画まで短いものが受ける「短編」の波が来ている感があった。前年秋から、経済産業省がゲーム、マンガ、アニメなどの展示会に

「JAPAN国際コンテンツフェスティバル（コ・フェスタ）」という共通の冠をかぶせ、日本のソフトを総合的に海外へ売る戦略を開始する状況があった。

二年目の課題は二つあった。一つ目はオープン化で、会員社以外の一般の応募作品も受け付けることになった。二つ目は、映像祭の価値向上のため大臣賞を設けたいという願望があったことである。当時、映文連の所管官庁は、文部科学省と経済産業省であり、一月末頃から打診し、書類を揃えて両省に後援名義と大臣賞の申請を行った。

最初の申請が大変といわれており、文部科学省からは映像祭について説明を求められた。他団体の映像祭との違いは何か、メディアの違い、作品を制作するのはどのような制作会社かなどを問われ、それらの回答に加え、企業や自治体広報を目的として制作した映像でも教育的視聴に耐えうるものがあることなど、色々と説明を尽くして理解を求めた。

経済産業省でも募集開始が迫る中、なかなか許可が下りず難航した。三月下旬になっても資料提出と事業説明を繰り返す。新設の大臣賞の判断基準を示せ、最も優れた作品でないと通らないなどの意見が返ってきた。その後、三月末にやっと許可が下りたと連絡があり、募集開始に何とかぎりぎり間に合った。

事務局長の立場にある私としては、わずか二年で、文部科学省と経済産業省の後援名義と二つの大臣賞を揃えることができ、肩の荷が下りた気がした。

第二回「映文連アワード２００８」は、予定通りオープン化し、会員社に限らず、広く一般公募とし、文部科学省と経済産業省の後援により、ソーシャル・コミュニケーション部門に「文部科学大臣賞」を、コーポレート・コミュニケーション部門に「経済産業大臣賞」を新設してスタートした。その他の映像団体やマスコミ関係の後援名義も二月中旬から申請し、第一回に続き、了承が得られていた。

ドイツのWorldMediaFestivalsへ

毎年五月中旬にWorldMediaFestivals（ＷＭＦ）という国際映像祭の表彰式と上映会が、ドイツ・ハンブルクで開催される。映文連では同映像祭の募集案内を会員社に送るとともに受賞者をお知らせしていた。主催者のコーラ（Cora Chinbuah）さんより、そのＷＭＦ見学ツアーへの招聘を受けた。同じ頃、ＷＭＦ国際アドバイザー委員である奥村恵美子さんからもお誘いが入った。新米事務局長である私には、重要な業務が目白押しだが、この機会を見送るのは余りにももったいない。海外の映像祭と連携していく上でも今回の視察は大切だと思い、理事会の承諾を得て、慌ただしくドイツへと旅立った。

この年のＷＭＦには、日本から金賞に五作品、銀賞には六作品の受賞があり、受賞した制作会社やクライアントが渡欧することになっていた。到着した一三日午後は、ドイツＩ

ＢＭで行われたワークショップに参加した。その後、ハンブルク港近くにある前夜祭の会場へと向かい、ＷＭＦ主催者のコーラさんと娘のサラさんにお目にかかった。コーラさんからは他国の参加者を紹介してもらうなど気遣ってもらった。前夜祭のウエルカムパーティーは映像祭参加者のコミュニケーションの場となっており、主催者が「ようこそＷＭＦへ。楽しんでください！」と挨拶する。各国からの参加者は食事や飲み物をテーブルに運び、旧交を温め合ったり、情報交換をする。気軽かつ自由に交流できる雰囲気が良かった。

翌一四日いよいよＷＭＦが開催され、上映会は娯楽施設が多く集まる歓楽街・レーパーバーンにあるシュミット・シアターで行われた。ＷＭＦ国際アドバイザー委員の主要メンバーであるグラント・ユースタッシュ（Grant Eustace）氏が挨拶し、上映会が始まる。この年は世界一八ヶ国から五〇〇余りの作品の応募があったとのことだ。上映会では主に「金賞」受賞作品を紹介していたが、同劇場のサロンには、個人視聴のためのプロフェッショナル・デジタル・メディア・リソース・センターが設けられ、参加者はパソコンで検索して自由に受賞作品を見ることができた。

二〇〇〇年に始まったＷＭＦは、それほど歴史のある映像祭とはいえないが、国際的な映像祭としてその成長は著しく、世界各国から作品エントリーがある。広告、コーポレート・コミュニケーション、ドキュメンタリー、教育、ＰＲ、セールス・プロモーション、

Ｗｅｂなど一四部門からなり多岐にわたる。この年、「金賞」を受賞したのは六二作品であった。

映像祭に出品することでどんなメリットがあるかといえば、「作品についての国際的な基準を把握し、国際マーケットにおける自社の制作能力のレベルや目指すべき指標が明確になる。受賞はクライアント開拓に対して非常に効果があり、各社とも積極的に活用している」と、あるインタビューの中で主催者は答えている。

ＷＭＦの運営は、表彰式への参加費のほか、基本的にはエントリー費（当時はEUR 325またはUS$ 385）で賄われる。上映会では頻繁にスポンサー名の告知が入ったが、ＩＢＭを始め、約一〇社のスポンサーが後援をしている。主催者のコーラさんに尋ねると「スポンサーは多数あってもすべての会社がお金を出してくれるわけではないのよ。モノや技術の提供もある。去年はＤＶＤ作品集をつくることが出来たけれど、今年は予算がなくて出来なかった」と大手スポンサーが後援しているとはいえ、資金面での苦労もあるようだった。

上映会が終わると、いよいよＷＭＦの本番を迎える。メインイベントである表彰式（Award Gala）は中心街からやや離れたデルフィ・ショーパラスト（Delphi Showpalast）という劇場で行われた。夕刻、出席者を乗せた車が次々に会場に到着する。皆思い思いの正装だ。開場すると、約二〇〇名の受賞関係者が丸テーブルにつく。日本人グループには二つのテーブルが割り当てられ、席につくとオードブルが出てワインが振る舞われる。表彰式は完全にショーアップされていた。黒人の女性ボーカルにギター、キーボード、ドラムス、パーカッションのグループが演奏して盛り上げる。

表彰は「銀賞」から始まった。最初のプレゼンターは主催者のコーラさんで、受賞者にトロフィーと賞状を渡し、並んで写真撮影をする。受賞者の代表がステージの上手へ進み、受賞の喜びを述べる。短くウイットに富んだスピーチが観客に受ける。続いて「金賞」の授与だ。受賞者が次々に登壇し、贈賞とコメントが続く。受賞者が席に戻ってくるとこの場で初めて顔を合わせた人からも「おめでとう!」と祝福を受ける。実にいい雰囲気である。

表彰式にはサプライズも用意されている。グランプリやグラン・アワードはその場で発表されるのだ。まずスペシャル・アワードが発表され、奥村恵美子さんの作品『MATSUTANI 1』が入った。自分の名前が呼ばれるとは思っていなかったらしい彼女は慌てて壇上に上がり、少しドイツ語を混じえてスピーチし、観客に拍手喝采を浴びた。グラン・アワードの贈賞があり、最後にグランプリの発表となる。地球環境の破壊によってもたらされる絶滅危惧種の問題を取り上げたドキュメンタリー『THE PLANET』(ドイツ)

WMF 主催者のコーラさん（中央）と娘のサラさん。右は筆者

に贈られた。表彰式は夜更けまで続き、受賞者はその余韻を残したままホテルへ戻る。まさにWMFの醍醐味だ。この授賞式を味わえば、また良い作品を制作し、ここへ来ようと思うに違いないと思った。

　表彰式の翌々日、奥村さんとともにクリストゥスキルヒェ駅近くにあるコーラさんのintermediaを訪問した。オフィスは緑ゆたかな住宅街の一階にあり、壁には奥村さんが贈った書「然」がなぜか九〇度回転して掛けられていた。コーラさんは映像祭の現状や運営面での課題など、我々の質問に娘のサラさんとともに気さくに答えてくれた。私は映文連とほぼ変わらぬ陣容でこれだけの国際的な映像祭を運営されていることに感心するとともに親近感を覚えた。このWMF視察は、誕生したばかりの「映文連アワード」の将来に示唆を与えてくれる得難い体験となった。

世界は、短編の中にある。

　この年のキーワードは「世界は、短編の中にある。」であった。

世界の多様性を伝える短編映像の魅力を広め、そこから新しい映像業界発展の芽を探り出す、いわば、「ショートフィルム・ルネッサンス」を興したいと考えた。これは「映文連アワード」の立ち上げの理念でもあり、映像コンテンツが日本はもとよりアジア・世界へと発信され、短編映像の可能性を広げたいという思いがあった。ポスターデザインは、「SHORT FILM RENAISSANCE」の文字を大きく全面にアレンジし、目からの光線が右下より貫く、思い切ったデザインにした。

「映文連アワード２００８」は、五月末に応募を締め切り、一二四作品が集まった。三部門合わせて、六七作品が一次審査を通過した。二次審査は前回の三氏に加え、新たに田中俊行氏（展示プランナー）に審査委員として参加してもらい、九月二四日から四日間実施した。初めて設けた「文部科学大臣賞」と「経済産業大臣賞」については、各省の担当者に候補作品を試写し、最優秀作品賞（グランプリ）のほか、優秀作品賞（準グランプリ）、部門優秀賞、優秀企画賞、審査員賞など、受賞二八作品が決まった。

最優秀作品賞（グランプリ）に選ばれたのは『腫瘍血管新生 Tumor Angiogenesis ―― VEGF vs. Avastin』（製作：桜映画社／クライアント：中外製薬）だ。新しい抗がん剤の開発に至った研究の過程を海外の当事者に尋ね、腫瘍血管に及ぼすアバスチンの作用について

CGと顕微撮影によって解説した映像であるが、科学映像として説得力と完成度が高いと評価された。撮影対象の変化の記録こそ科学映像の説得力の原点であり、完成度の高い科学映像は、専門家を対象に製作されたものであっても、広く一般に対して示唆に富むメッセージを送り得るとされた。

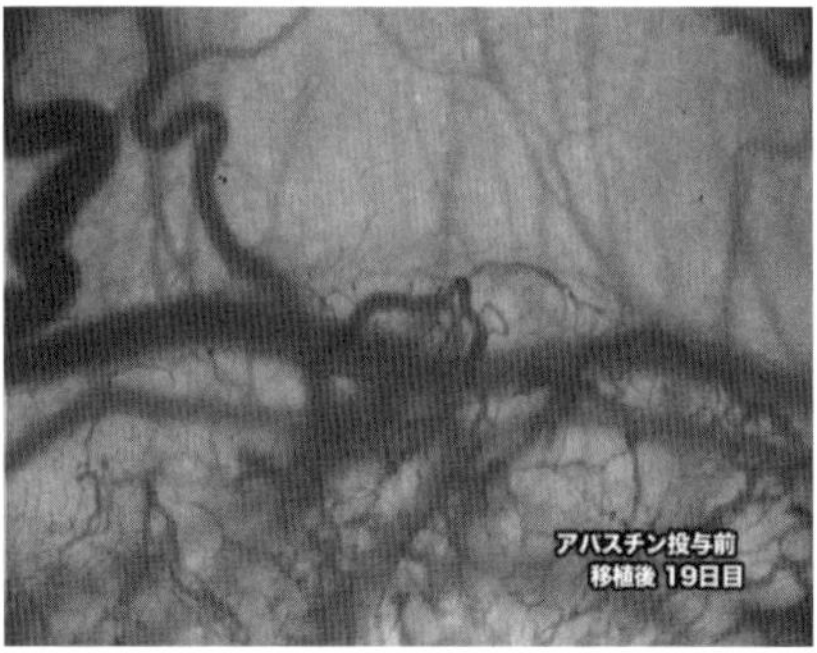

『腫瘍血管新生 Tumor Angiogenesis――VEGF vs. Avastin』(© 桜映画社)

このような科学映像は、伝統的な短編映像の一つであるが、桜映画社は製薬会社の学術映画を三〇年以上にわたって制作してきた。プロデューサーの花崎哲さんは、「実証的に目に見える形に描くことがポイントだが、今回は医薬品の投与前後の変化が短時間に非常にわかりやすい形で撮影できた」と語る。

ディレクターの森吉美さんは、「一番苦労したのは投与前と投与後の間をずっと追っていかねばならないこと。カメラマンが粘りに粘って、顕微鏡による微速度撮影で約二〇〇カットを撮影し、全体的に血管が見渡しやすい約三〇カットを採用した。アバスチンに関して非常に信頼性の高い論文が沢山あり、最終的なゴールの形が見えていたので、「きっところなるはずだ」と希望を持ちながら撮影を続けることができた」と受賞後のインタビューで語っている。

初の文部科学大臣賞は、紀伊國屋書店ビデオ評伝シリーズ学問と情熱 第35巻『本多静六――いのちを育てる森の実学』（製作：ポルケ／クライアント：紀伊國屋書店）が受賞した。明治神宮の森造成、東京水源林の保全、日比谷公園を整備するなど、明治時代から緑と森の重要性を説き、今日の環境問題の先駆者ともいえる日本初の林学者・本多静六の業績に光を当てた作品で、本多の人間形成、学問の特質と業績、職業・生活倫理を豊富な資料で親しみやすく描き、今日に甦らせていると評価された。

初の経済産業大臣賞には、『YAMAHA MUSEUM ―― THE MOVIE』（製作：電通テック／クライアント：ヤマハ発動機）が選ばれた。ヤマハ発動機の世界観である「The Art of Engineering」を映像化した。これまでの産業映像にとかく欠けがちであったアートの要素を、二輪車の空気感をモチーフに「MUSEUM」というコンセプトで追求してモーターショーの展示映像に新次元を開いたと評価された。

表彰式は、一二月一一日に第一回と同じく時事通信ホールで受賞者やその関係者など約一五〇名が出席して開催され、午後には「日本と世界の優秀企業映像を見る会」を催した。

一週間後の一八・一九日に富士フィルム西麻布本社1階ホールで受賞記念上映会を開催し、作品を構成するテーマに即して、生命×科学、産業×開発、人間×環境、人権×社会、個人×家族、歴史×文化に分けて受賞作品二八本を公開上映した。テーマをかけ合わせることによって、短編映像の多様性を伝えることが可能になり、「世界は、短編の中にある。」というキーワードをより具現化したプログラムになった。予算はかけられず、簡易印刷の手作りプログラムであったが、多様な受賞作品を鑑賞してほしいという思いは伝わったのではないかと思う。

第三回「映文連アワード2009」

"imagine"

二〇〇九年の映文連の大きなテーマは、「公益法人」への移行であった。前年から「公益」

か「一般」、どちらへ進むか検討してきたが、「公益法人」に移行することが正式に決まり、税理士事務所の公認会計士のアドバイスを受けながら、定款作成や書類作りに励むことになる。特に実務派の髙橋秀明副会長には大いに協力してもらった。

公益法人に移行すれば、映像コンテンツの質的改善と普及啓発を図るための映文連アワードの主催は、公益目的事業として位置付けられ、収支相償、利益を求めない公益のための映文連の基幹事業となることになる。

三回目を迎える「映文連アワード2009」のキーコンセプトは「時代は動く 短編よ走れ!」、キャッチコピーは、〝imagine〟だ。

インターネットが隆盛となり、活字離れが進み、テレビの世界でも若者のテレビ離れが進んでいた。テレビ、新聞、雑誌、ラジオのマスコミ四大媒体の広告費専有はもはや崩れ、ネット広告がラジオ・雑誌を抜き、新聞に迫る状況があった。

加えて、二〇〇八年秋からの一〇〇年に一度という世界的な経済危機、リーマン・ショックは、日本の基幹産業にも大きな影響を及ぼし、未曾有の不況を引き起こしていた。

「時代は動く 短編よ 走れ!」というキーコンセプトは、ウェブ時代になっても短編映像の役割は決して縮小するものではなく、その必要性はますます高まっている。変化するこの時代にあって、社会のあり方を、人間の生き方を、短編映像を通して考えてみようといったことを問いかけている。

〝imagine〟に組み合わせる「時代」を読み解く言葉を色々と考えたが、最終的にはlife、ecology、crisis、rules、others、liberty、changes、hopeという8つの言葉が残され、これらの文字をデザイン化したポスターを作成した。石橋光太郎さんのデザインは、広大な宇宙空間に文字が浮かび上がり、不思議なエネルギーを感じさせるものだった。

しかし、五月末の締切までに集まった応募作品は前年を下回る一〇三本となった。前年秋以降のリーマン・ショックの影響で、制作会社は映像制作の本数が減少し、特に企業映像は苦戦していたことが要因となった。

審査に一〇段階方式採用

審査には、評価の基準が必要であり、「映文連アワード」の場合、前掲のマニフェストの基本四要件を審査基準とし、これをベースに「独創性」「構成・演出力」「映像表現力・技術力」「情報発信力」「プロデュース力」について各審査委員が点数を入れて評価する。二〇〇九年から大きく変わったのは、審査を五段階方式から一〇段階方式に切り替えたことである。従来の方式では微妙な点数をつけにくいとの意見があり、より細やかな評価へと見直した。

新しい方式による審査を行い、三部門合わせて五七作品が一次審査を通過した。二次審査は、前回と同様の外部四名と映文連側三名の審査委員により、受賞作品を選んだ。

最優秀作品賞（グランプリ）には、豊かな森のシンボルだったクマがなぜ人里に出没するようになったのか、「熊問題」を多面的に描き、解決の糸口を探る作品『平成 熊あらし——異常出没を追う』（製作：群像舎、自主製作）が受賞した。文部科学大臣賞・経済産業大臣賞のほか、優秀作品賞（準グランプリ）、部門優秀賞、優秀企画賞、審査員特別賞など二七作品が選ばれた。

表彰式は一二月二日に時事通信ホールにて開催し、続く三・四日には富士フイルム西麻布本社1階ホールで「映文連アワード2009受賞記念上映会——時代は動く 短編よ 走れ！」を開催した。三回目を迎えたこの年は、日本芸術文化振興会の助成金獲得を目指し、要件の一つである三日間連続開催に適合させるため、表彰式と上映会を連続して開催することにした。最優秀作品賞受賞作品を始め、受賞作品二七本をテーマに即して ecology、life、culture、others、peace、science に分けて公開上映し、スペシャルイベントとして、受賞作品を製作したプロデューサーやディレクター、大学関係者などをゲストに迎え、「短編から見える〝エコロジー〟」「国境を越える短編映像の可能性」という二つのトークセッションを催した。

初の個人賞に Edmund Yeo（エドモンド楊）氏

この年、初めて個人賞であるニュークリエイター賞を設け、『Kingyo』を監督した Edmund Yeo（エドモンド楊）氏に贈った。

当時、早稲田大学大学院国際情報通信研究科の学生であったエドモンド楊氏が監督した『Kingyo』は、冬のある夜、秋葉原でメイドのアルバイトをしている主人公が大学教授の男と再会し、会話が進むにつれて、二匹の金魚をめぐる過去が明らかになっていく、というストーリーだ。秋葉原を主な舞台として、現代日本と伝統的日本の対比をする構想が新鮮で、二台のカメラによる左右二面のマルチ画面構成で男女二人を追う手法も冒険心に富み、期待を抱かせる作品であった。審査委員の見識が確かだったのか、エドモンド楊氏は、その後、東京国際映画祭などで世界的に活躍する若手監督として注目されることになる。

国境を越える短編映像の可能性

「映文連アワード」は三回目にして、パーソナル・コミュニケーション部門で留学生の作品や海外との連携で製作された作品の受賞が一挙に増えた。大学では国内に留まらない新しい映像制作の可能性が広がっているように思えた。

そこで受賞記念上映会では、「日本」を捉えた海外留学生の眼差し、それがどのように映像化されたか、海外スタッフとのコラボレーションにはどんな発見があるのか。新進気鋭のアワード受賞者と彼らを指導する教授によるトークセッション「国境を越える短編映像の可能性」（一二月四日）を催した。ゲストには、安藤紘平（早稲田大学大学院国際情報通信研究科教授）、松島哲也（日本大学芸術学部映画学科教授）、エドモンド楊（『Kingyo』監督）、董穎《とういん》（『禅武合一――少林功夫』制作）、アンドリヤナ・ツヴェトコビッチ（『TiMe OF ThE WaVe ――波の時間』演出）、伊藤敏朗（『KATHPUTALI ――風の村の伝説』製作・演出）の各氏を迎えた。ナビゲーターは、渡邊龍一郎氏にお願いした。

『Kingyo』

各氏のコメントから主要なものを拾ってみた。

エドモンド楊さん　日本はカラフルな街だというのが第一印象。ハイテクノロジーの国であると同時に日本文化も深くあって古いものと新しいものが一緒に共存している。『Kingyo』は初めて撮った日本語の映画。私は日本ではアウトサイダーなので自分の持っている感性を映画にも取り入れたいと思った。もともと日本文学が好きで川端康成は大好きな作家。東京に来て秋葉原に行った時、オタクとかネガティブなイメージが多かったが、日本的なカラフルで美しい場所だった。こういう場所で『雪国』を舞台にした映画を撮りたいと思った。川端作品にはタイムレスな美しさがある。秋葉原でメイドさんを見た時にふと『雪国』の芸者を思い出し、現代の芸者は秋葉原のメイドなのだなというのが自分の中で結びついた。それを作品に取り入れた。

安藤紘平教授　彼はとても日本文学を読んでいて、プロデューサーの板垣麻衣子は日本の美意識のようなものをどうやって国際化するかを考えていた。外から日本の美意識に到達しようとしている彼と、日本人ゆえにものを客観的に見ることができない彼女とがコンバインされると結構おもしろいのではないかという気がした。『雪国』しか出ていないが、川端の『カナリア』という短編のほうがメインストーリーに近い。『雪国』の芸者をメイドというふうに発見するのは我々日本人にはあり得ない。しかもそれが二画面になっていて、日本人の「YES」というけれど「NO」

であったり、「ＮＯ」というけれど、「ＹＥＳ」であったり、微妙な揺らぎを二画面で表現して、この二人がつくりあげているのがとても新鮮だった。

トークセッション「国境を越える短編映像の可能性」ゲスト一同
（前列右端がツヴェトコビッチ氏、前列中央左がエドモンド楊氏、
後列中央が松島哲也氏と安藤紘平氏）

アンドリヤナ・ツヴェトコビッチさん（日本大学芸術学部大学院芸術学研究科）　五歳の頃初めて日本と出会い、日本のことを勉強し、多くの日本映画を見て学び、ブルガリアの国立演劇映画芸術アカデミーで修士号を取り、来日したが、現代の日本はどんな感じなのか想像できなかった。日本に来て最初はデジタル映画について研究したが、もっとおもしろいことは、日本の文化、映画に表現されている伝統的な日本の芸術と日本人の青春だと思い、博士課程で三年研究した。理論的なことを作品に表現するのは難しいけれど、こ

の作品で改めて日本がどういうふうに見られるのか表現してみた。テーマは、〝時間〟。日本の芸術・映画の中で時間の捉え方は独特だと思っており、私の映画づくりにこれからも影響を与えると思う。

松島哲也教授　アンドリヤナの作品は、彼女がブルガリアで映画を勉強して、日本映画に興味をもち、私の大学院で作品を撮っていくと、彼女が日本のどういうものに興味があり、それは日本にとってどういうことなのか、例えば、演技についても日本人独特の深さのようなものに行き着くには、コミュニケーションするにもとても難しい問題がある。ただ彼女は、そういうものを咀嚼しながらもシネポエム的な物語を内包した形で「波の時間」を表現している。日本をどういうふうに見るのか、彼女には我々日本人とはちょっと違う見方・捉え方があって、もちろん深さを追求していくことは大事だが、短期間で仕上げていくのは難しく、クリエイティブなことはある程度お膳立てはするが、そこから先は自分で発見しなさいということですかね。

トークセッションでは、『KATHPUTALI』をネパール現地スタッフ・キャストと共同製作した伊藤敏朗さん（日本大学大学院芸術学研究科）が映画事情も充分にわからない中、現地に出かけて苦労しながら映画制作を行った体験談を語った。さらに、審査員特別賞を受賞した『禅武合一』は、早稲田大学安藤紘平研究室と北京電影学院の共同製作で作られ、少林寺の厳しい修行と少林カンフーの基本である人間と自然との一体化を厳しくも美しい風景の中で映像化した作品であるが、この作品を制作した董潁さんが中国での撮影と日本での編集の連携やフィルム変換の苦労などを語り、非常に聞き応えのあるセッションとなった。

映文連アワードは立ち上げてわずか三年であるが、国際色豊かな若手作家の作品が受賞し、短編の可能性を感じさせる回となった。まさに「時代は動く 短編よ 走れ！」にふさわしい傾向が出現し、これからの希望が見えた気がした。

第四回「映文連アワード2010」

公益社団法人としてスタート

リーマン・ショックの影響が残る中、二〇一〇年は、公益社団法人への移行が本格化し、電子申請や書類作成に格闘した。公益社団法人の申請に先立ち、代表者を決定しなければならなかったことに加え、役員改選の年でもあり、八木会長が退任し、「映文連アワード」を立ち上げた塚田芳夫新会長の擁立が決まった。内閣府と何度かやり取りして、五月半ばに書類を最終提出し、八月に入り認定証の交付を受けて、八月二〇日に「公益法人」として登記した。私としては大きな目標の一つが達成されて安堵した。

その裏には苦労も多々あったが、三年経って事務局業務にも慣れて、立ち位置を冷静に分析し、やるべきことは積極的に動いた。公益認定後は、映文連の顔を一新するため、新しいロゴマークの作成（それまでは歴史を感じさせるレトロなデザイン）や、新ホームページの作成や作品登録データベースの改訂なども、理事社の協力を得ながら着実に進めた。

公益社団法人に移行したこの年より「映文連アワード」は、「映文連 国際短編映像祭」の一環として行い、海外映像祭との連携を深めながら、ショートフィルムの可能性をより多くの人々に知ってもらおうと、東京・大阪に加え、沖縄・札幌でも上映会を開催していくことになった。

映像祭を継続していくためには、どうしても安定的な資金が必要となるが、どんな支援を受けることが可能なのか前年から色々と模索し、日本芸術文化振興会に申請書類を提出した。二〇〇九年は残念ながら採択されず。要件に見合うよう上映会を連続開催にしたり、自治体の後援を受けるべく、東京都にも後援名義申請をするなど、映像祭の形を整えていった。そして翌一〇年、再び国内映画祭等の活動を支援する芸術文化振興基金助成金交付に申請して交付が認められ、助成金を受けることになった。この助成により資金面で少し安定し、対外的にも信用度のある映像祭として認められるようになったと思う。

〝夢も想像力もメガ盛り。〟

四回目を迎える映文連アワードのキーワードは「未来」「国際性」、キャッチコピーは、

〝夢も想像力もメガ盛り。〟とした。

厳しい経済環境が続く中にあっても、人間の想像力には限りがない。映像コンテンツには、人々や社会の夢がいっぱいに詰まっているというメッセージを込めた。

若い女性の髪を時代や映像を表すオブジェ、花や蝶などで華やかにアレンジし、〝夢も想像力もメガ盛り。〟のコピーを配したポスター（AD：大田有香里）は大好評だった。

ポスターがポジティブで惹きつけられるものだと作品の応募数が増えるようで、コーポレート・コミュニケーション部門三七本、ソーシャル・コミュニケーション部門六五本、パーソナル・コミュニケーション部門二八本と一三〇作品の応募があった。

三部門合わせて六八作品が一次審査を通過し、二次審査は、これまでの審査委員に加え、審査の視点に多様性を加味するため、新たにコーポレート・コミュニケーション部門に白土謙二氏（電通執行役員）、ソーシャル・コミュニケーション部門に恩田泰子氏（読売新聞東京本社記者）、渡邊龍一郎氏（元『ディレクターズマガジン』編集長）に加わってもらい審査を進めた。

九〇歳の現役俳人金子兜太氏のドキュメンタリー

審査の結果、最優秀作品賞（グランプリ）には、『生きもの――金子兜太の世界』（製作：

ポルケ／クライアント：紀伊國屋書店）が選ばれた。現代俳句の開拓者であり、俳壇の外でも多彩な活動で人びとの心をとらえ続けている九〇歳の現役俳人・金子兜太を映像化したドキュメンタリーである。金子氏の生き方や人生観、自然観を本人のインタビューと多彩な句でつづるこの作品は、格好の金子俳句入門であるだけでなく、観る人びとの心に自らも生きてきた戦中戦後の日本を見直す視点を育ててくれる優れた作品であった。

『生きもの――金子兜太の世界』

紀伊國屋書店は、これまでも学者の伝記シリーズ『学問と情熱』を製作しており、インタビューによる人物評伝としては、第二弾だ。同社映像情報部長（当時）の吉沢泰樹さんは、「金子さんの魅力は俳句そのものにある。金子さんの俳句にはものすごく動きがあり、非常に絵画的。金子さんの俳句を軸にしていけば〝絵〟ができるという予感があった」という。作品の中には、金子さんの人生の節目ごとにぴったりの俳句が挿入されている。

どの俳句を選ぶか苦労したという日向寺太郎監督は、

金子さんの核心・根底にあるものは「戦争体験」と生まれ故郷の「秩父」であると思った。まずは戦争体験を伺い、秩父へ同行してもらい、金子氏の父親（伊昔紅）が再興させた「秩父音頭」を披露してもらう。小学校での俳句の授業で生命の大切さを語る金子さんから「命は変わるものであって、消えない」という話が得られた時、「この映画はいける」と感じたそうだ。

文部科学大臣賞には、『海の食物連鎖――太陽からクロマグロをつなぐエネルギーの流れ』（製作：太陽企画／クライアント：国立科学博物館）、経済産業大臣賞には、『〝ISM〟MILBON DOCUMENTARY 2010 ―― 50th. ANNIVERSARY』（製作：アットアームズ／クライアント：ミルボン）が選ばれ、その他、準グランプリ（優秀作品賞）、部門優秀賞など二九作品が受賞した。個人賞である優秀ディレクター賞は、西森一夫氏に贈られた。

この年より「映文連 国際短編映像祭」として、表彰式は、一二月八日に時事通信ホールで開催し、受賞作品上映会は、翌九・一〇日に富士フイルム西麻布本社1階ホールで受賞作品を六テーマ「人と環境」「科学をみる」「人間とは何か」「新しい才能との出会い」「いま、展示映像は」「技を伝える」に分けて公開上映した。

札幌と沖縄で初の地方上映会

この年、大阪に加え、札幌と沖縄でも初めて地方上映会を開催した。

札幌上映会は、年が明けて一月二八日に札幌市教育文化会館講堂で、北海道を中心にさまざまなジャンルの映像を制作している北海道映像記録の協力を得て開催した。事務局長の私が札幌入りして挨拶を行い、映文連アワードの趣旨や上映作品について解説し、この映像祭について理解してもらうよう努めた。新聞二紙に記事が掲載されるなど関心は高く、参加者は九六名を数えた。

沖縄上映会は、三月六日に那覇市の桜坂劇場ホールBで、沖縄で記録映画を中心にTV・CMなどの映像制作を行うシネマ沖縄の協力を得て開催した。塚田会長が沖縄入りし、映文連の沿革やアワードの趣旨等を中心に挨拶を行った。劇映画も上映される老舗の劇場には、早朝から幅広い観客層が七〇名参加し、最後まで熱心に鑑賞してくれた。

大阪上映会は、三月二五日に大阪市中央公会堂小集会室で開催した。塚田会長が大阪入りし、挨拶した。歴史ある公会堂の一室で行われた上映会は、会員中心となったが、作品内容への関心も高く、好評のうちに終了した。

四回目にして、札幌と沖縄においても映文連アワード受賞作品上映会が開かれることになり、映像祭の形がほぼ整った。それぞれ一日上映で受賞作品の約半数の上映であるが、地方の方々にも短編映像を見てもらう機会を設けることができた。

上映会を催すとなると、会場の確保や参加呼びかけに多くの労力を要する。それぞれの地域の皆さんの希望を聞きながら、事務局で作品を製作した制作会社に上映許可を取り、プログラムを組む。チラシは手作りの素朴なものであるが、会場打ち合わせやチラシ配布、当日の受付スタッフなど、札幌の北海道映像記録、沖縄のシネマ沖縄、大阪の関西支部の皆さんの協力なしでは果たせなかったと思う。

Column 1

作品募集とポスターデザイン

「映文連アワード」の募集期間は、通常四月一日から五月末までの二ヶ月間である。応募対象は、その前年の四月から三月末までの一年間に制作された作品となる。

作品は、できるだけ多くの人に応募してもらいたいので、さまざまな方法で制作会社やクリエイター、映像を学ぶ学生などに届くように告知する。募集告知は、紙媒体のポスター・チラシの配布と、HPと会員や過去応募者へのメール、SNS（Facebook、Twitter）、外部の業界紙やネットなどの媒体を通じて行う。

募集開始前の二月から三月に、その年のポスター・チラシのデザインを決めて作成し、四月一日から応募を呼び掛ける。応募数がその年の映像祭推進のモチベーションにもなるため、いかに届く呼び掛けをするかが重要になってくる。

「映文連アワード」は、始まって以来、毎年その年のコンセプトとキャッチコピーを掲げてきた。その時々の時代認識に基づいた目指す短編のあり方であり、こうあってほしいという目標でもあった。そのコンセプトに基づき、告知ポスターなどのビジュアルをデザインしてもらう。「今年のポスターは素敵だね」といってもらうことが多かったが、デザインには二〇一九年まで入社二〜三年の若手アートディレクター（AD）を起用してきた。予算が限られていることもあるが、清新さやこれから伸びていくことへの期待感もあった。毎年のデザインは創意工夫に富んでおり、数ある映像祭の中でも目を引いたと自負している。

しかし、毎年のポスターデザイン制作の過程には〝産み〟の苦しみもあった。コンセプトの提案者は、「映文連アワード」の発案者でもある塚田芳夫氏（現・名誉会長）で、その提案をもとに制作会社のCD篠原基明氏（当時・電通テック）がコピーライターや若手アートディレクターを集め、チームを組んで考案する。「短編」への理解力、発想の自由さや飛躍力が求められ、打ち合わせを繰り返す。ADは色づかいや紙質へのこだわりもある。何度か修正がなされ、ようやく完成をみる。募集開始時には何とか間に合うが、印刷にはさらに色校など時間がかかるため、四月になってポスターが完成することもしばしばであった。ポスターには告知に使う普及版のほか、裏バージョン（B版）を作成することもあり、一般の目には触れなかった秘蔵版が事務局には眠っている。

「映文連アワード」の応募数は、一六年間で二二三三本に及ぶが、年間一五〇本前後がベースとなっている。応募作品数は、経済状況や社会情勢の影響を受けることも多いが、経験上、ポスターデザインの効果で応募数が伸びることもある。相対的にいえることは、深刻なイメージより明るくポジティブで遊び心のあるデザインが好まれる。そこに製作者やクリエイターの気持ちを触発する何かがあれば、さらに応募に繋がるといえよう。もっとも応募する側は、発展途上のこの映像祭なら自分の作品を受け入れてくれそうだ、自分の可能性が試せると思って応募してくれたのかもしれないが。

この修業の場でもあるポスターデザイン制作を通じて巣立ったADも多く、大村雄平（二〇〇七〜〇八年）、石橋光太郎（二〇〇九年）、大田有香里（二〇一〇年）、藏本秀耶（二〇一一年）、石原絵梨（二〇一二〜一五年）、島峰藍（二〇一六・一八年）ら各氏は、独立した人やフリーになった人もいるが、それぞれの持ち場で活躍している。

第三章
「映文連アワード」の歩みII
展開期
2011–2015

第五回「映文連アワード２０１１」

東日本大震災の発生

二〇一一（平成二三）年は忘れられない一年だった。関東以北に住む人にはまだ強く記憶に残っていると思うが、三月一一日に東日本大震災が発生し、甚大な津波被害に加えて原発事故が起こった。

私は、その日午前中に東京・千代田区にある科学技術館で科学技術映像祭の運営委員会に出席、その後、日本芸術文化振興会での会議出席のため移動、地下鉄・半蔵門の駅を降りたところで大きな揺れに見舞われた。今までに経験したこともない揺れで、慌てて地上出口への階段を駆け上がった。会議中も幾度か余震があり、隣接する国立劇場の前庭に避難した。携帯は繋がりにくかったが、公衆電話があり、とりあえず事務局と実家へ連絡を入れて無事を伝えた。会議どころではないので、ペットボトルの水と地図のコピーをもらい、皇居の周りを歩いて当時日本橋室町にあった事務局へと向かった。交通機関はストップし、多くの人が私と同様に歩いていた。一八時過ぎに戻ってみると、二人の事務局員は退出した後だったが、まるで地震の影響などなかったかのように机周りは整然としていた。あとで貸主に褒められたが、局員は片付けて帰宅するほどしっかりしていた。

JRは動いていなかったので泊り込みを覚悟して食料を調達し、事務局で残務をこなしていると、科学技術映像祭の運営委員会に一緒に出席していた塚田会長が心配して立ち寄ってくれた。夜遅く、地下鉄は動いていることがわかり、ぎゅうぎゅう詰めの電車に乗り、大回りをして乗り継ぎ、深夜二時頃、横浜市内の自宅へ戻ることができた。当時、事務局ではTVを見ることができず、凄まじい大津波によって多くの人々が亡くなったことは、帰宅してから知った。

週明けからは、動いている交通機関を使って長時間かけて出局し、出来るだけ通常業務を行おうとした。一五日火曜午後には、ポスターの打ち合わせがあり、早速、塚田会長からは、〝鎮魂と再生〟へと改稿する指示が出て、ポスターデザインの見直しをすることになった。

〝このほしの　このくにの　このまちの　あなたと。〟

大震災の非常事態でもできるだけ通常通りに人に会い、助成金対応や募集開始に向けて準備した。

三月二三日にポスター改稿の打ち合わせがあり、塚田会長は「あなたを忘れない」「一瞬も生きている」などのコピー案を出す。ほぼ決まりかけていたデザイン案が差し戻され、OKが出ない。それまでのデザイン案は〝花〟をアレンジした攻めの姿勢のものだったが、そのまま進めることはできなかった。確かにこの状況下では鮮やかなデザインは打てない。ADの藏本さん、コピーライターの森岡さんを悩ませた。二八日に最終打ち合わせがあり、コピーは〝このほしの　このくにの　このまちの　あなたと。〟に決まった。ポスターデザインは、ハートを抱く〝手〟、パステル調の温かいものに変わった。

二次審査委員の吉原順平氏から「ポスターは今年を予感しているね」といわれたが、震災後に再考したデザインであるので、色濃く反映しているのは当然だった。

毎日、気持ちを奮い立たせていたが、四月になると、震災の影響から退会を申し出る会社も出てきた。リーマン・ショック、東日本大震災とこうも手に負えないことばかり起こるのかと思った。

「映文連アワード2011」は、例年どおり四月一日より募集を開始した。キーワードは「短編力《たんぺんぢから》」とした。キャッチコピー〝このほしの このくにの このまちのあなたと。〟を入れたポスターはやや遅れて完成した。ポスターを通常より多めに印刷して販売し、収益を日本赤十字社の義援金に寄附した。

五月末に締め切ると、三部門で一一九作品の応募があった。この状況下では当然ながら少なめの応募本数となった。

三部門合わせて六八作品が一次審査を通過した。二次審査は、これまでの審査委員に加え、ソーシャル・コミュニケーション部門に岡田秀則氏（東京国立近代美術館フィルムセンター主任研究員）、パーソナル・コミュニケーション部門に映画監督の小栗康平氏に参加してもらい審査を実施し、最優秀作品賞（グランプリ）、文部科学大臣賞、経済産業大臣賞のほか、優秀作品賞（準グランプリ）、部門優秀賞、優秀企画賞、優秀撮影賞など、二七作品を選んだ。

「はやぶさ」の地球帰還を描く

最優秀作品賞には、『HAYABUSA ―― BACK TO THE EARTH 帰還バージョン』（製作：有限会社ライブ／クライアント：「はやぶさ」大型映像制作委員会）が選ばれた。この作品は、

『HAYABUSA——BACK TO THE EARTH　帰還バージョン』（©「はやぶさ」大型映像制作委員会）

当初、プラネタリウムフルドーム映像として製作された、全編CGの臨場感溢れる美しい映像である。小惑星イトカワへ旅立った小惑星探査機「はやぶさ」は七年間の旅を経て地球へと帰還したが、そのミッションには数多くの困難をともなった。擬人化されたナレーションが科学の説明を超え、広大な宇宙へと観客の心を誘う感動的な作品であった。

この作品で監督・CGアーティストを務めたのは上坂浩光氏だ。子どもの頃から星が好きで、那須に天文台を作り、アマチュアの天体写真家としても活躍していた。上坂氏は、ほかの映画と違うのは、はやぶさと観ている人が一緒に宇宙空間を旅していくコンセプトだという。はやぶさの偉業についての物理的な説明や科学的な理解だけでなく、人間の「心」を核にしている。はやぶさを「擬人化」することで観ている人の気持ちに訴えかける作品にしたいと考えた。しかし完成までには困難にも直面する。

フルドーム映像のＣＧ制作には膨大な時間を必要とする。上坂氏は、最後のクライマックスをはやぶさが燃え尽きてもなお地球に届けるというシーンで作り込んでいた。ところが、ＪＡＸＡからそのシーンは描かないでほしいと注文がくる。オーストラリア政府とカプセル落下の許可をもらう交渉をしているが、はやぶさ本体が落ちてきてしまう話が公になってしまうとちょっと問題があるとのことだった。

しかし、上坂氏は、それでは誰も感動しないだろうと思い、意見を無視してそのままの状態で科学技術館のドーム試写で上映する。ＪＡＸＡからはプロジェクトマネージャーの川口淳一郎さんや監修の吉川真さんも来て、皆でドームの映像を見たところ、カプセルが地球へ落ちてくる映像が映っていた。上映後、皆シーンとなってこれはまずいという雰囲気だったが、上坂氏は川口さんに「真実を描くべきではないか」という。何がどう通じたのか川口さんが「いいんじゃないか。これでいいと思う」といってくれ、それによって『HAYABUSA ―― BACK TO THE EARTH』という作品は生まれた。諦めなくてよかった。やはり自分が正しいと思ったことは諦めてはいけないと上坂氏はいう。作り手の想いが伝わったのか、この作品はプラネタリウムで約七〇万人（同年八月末）、劇場公開されて約一〇万人の人が鑑賞した。臨場感溢れる美しいＣＧ映像が科学の説明を超えて、観客の心を誘ったのである。

新しいHP開設と表彰式での試み

七月二五日、公益社団法人へ移行して一年、映文連の新しいホームページがリニューアルオープンした。この日は、地上波テレビ放送がデジタル放送へ移行した翌日でもあった。映文連ホームページは、二〇〇二年に開設して以来、タコ足のように増殖を続けていたが、ページデザインを一新させ、見て欲しい項目をアイコンに集約、「映文連アワード」の情報もアイコンから簡単に入れるようにした。ブログ形式のコラムも設け、折々の雑感を伝えていくことにした。映文連アワードは、これを機に「映文連 国際短編映像祭」として単独の特設ページを立ち上げ、上映会の紹介やチケット申込みなどができるようにして、Ｗｅｂを使った発信に力を入れるようになった。

映文連アワードは毎年新しいチャレンジをしてきたが、この年は時事通信ホールで開催した表彰式（一一月二九日）において、受賞者全員が一言コメントを述べる機会を設けた。いまさらと思う向きもあろうが、それまでは、限られた時間内で式典を進行しなければならないこともあり、グランプリや大臣賞の受賞コメントはあるものの、数が多い部門優秀賞や企画賞の受賞者には賞状とトロフィーを授与するだけで、受賞コメントを述べる機会は設けてこなかった。五年目にして初めてトライした。

結果は、予想以上の成果が得られた。作品ごとの持ち時間を限ったこともあり、式典はわずかに五分超過しただけでほぼ予定どおりに進行した。映像作品はさまざまな背景のもとに生まれ、描いた内容や手法、その使われ方も多様である。しかしそこには製作者それぞれの思いが込められている。受賞者の喜びの言葉の端々からそれを感じ取ることができた。短編映像を制作する人が、実に多士済々の集まりであることもよく伝わったと思う。

続く一一月三〇日・一二月一日に受賞作品上映会を富士フイルム西麻布本社一階ホールで開催し、最優秀作品賞受賞作品を始め、受賞二七作品をテーマごとに分けて公開上映し、『日本短編映像史——文化映画・教育映画・産業映画』を出版された吉原順平氏を迎えてのトークセッションⅠと、受賞関係者をゲストに迎えた「話題性をプロデュースする」と題するトークセッションⅡを催した。

染織家の志村ふくみさん上映会に

一二月一日のトークセッションⅡには、文部科学大臣賞を受賞した『色を奏で いのちを紡ぐ——染織家 志村ふくみ・洋子の世界』の出演者、染織家で人間国宝の志村ふくみさん、洋子さん親子と中村裕監督に京都よりお越しいただいた。

この作品は、自然の贈り物である草木から抽出した色で絹糸を染め、布を織る仕事を極めながら、深い思索に満ちたメッセージを発し続ける染織家・志村ふくみとその仕事を引き継ぐ娘・洋子の創作の世界を色彩豊かに描いた映像である。二人の創作の世界を描きながら、単なる技の映像記録ではなく、その自然観、人生観にも深く切り込んだ人間の記録となっている。

上映会には、志村ふくみさんをお目当てに来場された方も多かった。志村さんは八七歳にもかかわらず、顔の色艶もとてもよく、紫を基調に微妙にグラデーションがある着物をお召しになり、まるで春がきたかのように爽やかな印象を醸し出しており、その凛とした佇まいに圧倒された。

志村さんは、「今まではお誘いも断ってきたのだけれど、皆さんとお話ししたいと思い、高校生の若い方々にもお話ししてきたのよ。（中略）三・一一後、色も変わりました」と語った。その理由を問うと「染める私たちの気持ちが変わったから」とおっしゃった。これまではあることが当然と思ってきた自然、それを変えてしまう驚異に見舞われたのが、二〇一一年の大震災であった。

志村さん親子を描いた作品の受賞に瀬戸内寂聴さんから花が贈られ、節電のため電灯が間引かれた薄暗いホールがその花で幾分華やかになった。

五周年特別上映会――映像が〝記憶〟すべきもの

この年は五周年を迎える「映文連アワード」特別企画として、失われた日本の原風景、さまざまな記憶を呼び起こす映像を上映する特別上映会「〝このくにのかたち〟――短編映像による『記憶と再生』の旅」を開催した。第一部は、映文連アワード受賞作や過去の短編の名作から「日本の記憶」、「まちの記憶」、「ひとの記憶」にまつわる短編映像（『丹後の藤織り』電通映画社、『光のなかの街』日本映画新社など）を選ぶとともに小栗康平監督作品『泥の河』を特別上映した。第二部「新しい未来への記憶」では、映文連アワードのパーソナル・コミュニケーション部門から生まれた若手クリエイター（渋江修平、大釜友美、エドモンド楊）の最新作やCMなどで活躍するクリエイター（関根光才）のショートフィルムを紹介した。

一二月二日の五周年記念特別上映会では、〝記憶〟にまつわる映像上映やトークセッションを通じて、東日本大震災以降、何が変わったか、日本人の原風景とは何か、日本再生に向けて短編映像の果たす役割を問い直してみ

小栗康平氏（右）と佐藤忠男氏

た。佐藤忠男氏（日本映画大学学長、映画評論家）、小栗康平氏（映画監督）、映文連アワード受賞者である加瀬泰氏（電通テック　シニアディレクター）、日向寺太郎氏（映画監督）に出演してもらい、司会は、恩田泰子氏（読売新聞文化部記者）にお願いした。

四人の発言から、記憶にとどめておきたい言葉を挙げてみた。

佐藤忠男氏　映像で何を記憶すべきか、映像よりもむしろ「言葉」なんですね。これまで文学作品では、文章を書く能力のない人の記録は残らない。しかし文章は書けないが、言葉なら喋れる、その人たちには文章を書く人の表現力とは違う領域がある。その人たちの表現が、録音技術の発展でどんどん録音できるようになり、今まで撮れなかった非常に精緻な映像的には見事な短編作品が出てきた。また録音技術のおかげで普段我々が気にしてなかった強い思いがある言葉を学生たちはどんどん拾ってくる、この言葉を音声に残さなければいけない、映像という言葉にこだわらないで短編映画でどれだけのことができるか、まだ未開拓のことがあって、今までつくられてきた世界では足りないと思う。

小栗康平氏　映像は、二〇世紀にもっていた画像の力と二一世紀の画像の力は、明らかに変質し、変わってしまったと思う。二一世紀の中でネットを含めて、映像の効用・役割とかは用途を含めて、随分違う世界に我々を押し出してしまっている。その中でただの情報に落ちずに、言葉が何らかの表現を目指すのと同じように、どういう分野であれ、作り手の表現の領域をどう深めていくかということではないかと思う。知らないところの風景、知らないことが映るということが珍しい時代には、見えているだけで十分だったが、今の時代は見えていることに、それほどの価値はない、効用はないから、見えていないことをどう呼び戻すのか、我々の記憶と画像、記憶と思考を、目に見える映像を使って、どういう表現に踏み出していったらいいのか、とても難しい問題を含んでいると思う。

日向寺太郎　私には師匠が二人いて、劇映画の師匠が黒木和雄監督で、ドキュメンタリーの師匠が松川八洲雄監督。つくり方においては、劇映画とドキュメンタリーには大きな違いがあるが、実は「作られたもの」という意味では同じではないかということを、この二人の師匠から学んだ。劇映画はフィクションなので、全てをつくっていく。一方、ドキュメンタリーは、現実を写し取っていくので、一つ一つは事実である。しかし、どの事実を選び、それをどう構成するのかということによって

「作られて」いるのである。大事なことはどちらの場合も、作り手の主体がどのように反映されているかであって、劇映画とドキュメンタリーは、撮る対象やモチーフによって違いはあるけれども「作る」という意味において大きな違いはないと考えている。

加瀬泰氏　三・一一の時のテレビで津波が押し寄せてくるのを見た時に僕もやはり、よくできたCGみたいに思ってしまった。その前にも湾岸戦争をテレビで中継していた時に戦争をこうやってテレビで見るんだと思った。何かあまりにもリアルなものを見すぎると、何かフィクションのように、頭の中の作用がこれを本当だと受け止めるには余りにも過酷すぎるから防御しているのかもしれないけれど、そんなふうに思ってしまう。誰でも簡単に映像を撮れてしまい、それをよくも悪くも共有してしまう時代にあっては、本当の作り手なり、本当の発信者は何をしていくべきなのか、その違いが何なのかを自戒を込めて自分の中にしっかりもっていくことが大切で、映像をつくり、かつそれに対して匿名ではなく、サインをして発信するということの意義がますます問われていくのではないかと思う。

さまざまな人々の考え方に影響を与えた三・一一。幾多の優れた映画評を書いている恩田泰子氏の司会により、各氏の思索に富んだ映画・映像論が引き出され、五周年を締め括るにふさわしい意義あるセッションとなった。

事務局、日本橋小網町へ移る

年の瀬も押し詰まった一二月一七日、事務局は中央区日本橋小網町へ移転した。節電に端を発して引越を決意し、一〇月から一一月にかけて理事同伴で下見して物件を決めた。引越準備を進め、事務局員三人で三日間かけて半世紀を超す映文連の歴史資料をダンボール二三〇箱に詰め込んで引っ越して、翌週二日間で荷ほどきし、事務所開きした。

移転した小網町は、日本橋川の河岸に沿って連なる町で、昔の小網町一丁目は、荒布橋、思案橋、親父橋という三つの橋に囲まれていた。一九四九(昭和二四)年に東堀留川は埋め立てられ、橋のある風景もすっかり変わったが、事務局の入ったビルは、かつての思案橋の袂に立っている。すぐ近くには、ビルに囲まれ「小網神社」という約五五〇年の歴史をもつ小さな神社がある。強運厄除けの神様として知られ、東京八福神の一つに数えられ、お正月には参拝客が長蛇の列をつくる。強運パワーを後ろ盾にしているようで縁起がいいと思った。

第六回「映文連アワード2012」

デジタル時代の到来

二〇一二年一月、フィルムで写真・映画撮影を支えてきた米国・イーストマン・コダックが経営破綻に追い込まれた。デジタル時代の到来でフィルム需要が急減し、対応できなかった。ライバル社の富士フイルムも売上高に占める写真フィルム事業は、一％（二〇一〇年度）まで縮小していたが、医薬分野（化粧品）等に事業を多角化し、生き延びを図った。

映画フィルム関連を賛助会員とする映像団体には、この余波が直撃し、コダックに加え、フィルム生産を中止する富士フイルムなどフィルム系の会員社が離れていった。

〝この時代を…、愛してる。〟

映文連アワードは五年を経過し、六回目を迎えていた。未曾有の東日本大震災から一年、復興の緒についたばかりで先が見通せない。そんな中でもコピーには前向きなメッセージを込めたいという思いがあった。前途は決して明るいとはいえないが、私たちはこの時代を受け入れ、正面から向き合い、前向きに生きていくべきではないかという「時代との共鳴」「時代への意思」を込めて、「映文連アワード2012」のキャッチコピーは、〝この時代を…、愛してる。〟とした。

ポスターデザインは、鬱蒼たる緑生い茂る森に潜む生き物たちを描く。子猿がフィルムのリールで遊んでいるところがこの時代を象徴しているともいえる。コピーは昨年に続き、森岡祐二さんが、デザインは油絵の得意な若手デザイナー、石原絵梨さんが制作した。

それまでは、ポスターデザインの打ち合わせは塚田会長にお任せの感があったが、この年は二月上旬に塚田会長が入院してそれもできず、デザイン案を持って病院に行き、意見を伺いつつ進めた。しかし、細かい指示は難しく、詰めの甘さを残した。

けれども、「映文連アワード2012」は締め切ってみると、当初の予想を超え、コーポレートとソーシャル・コミュニケーション部門は各四九本、パーソナル・コミュニケーション部門は一挙に増えて五二本となり、映文連アワードとしては過去最高の一五〇作品の応募があった。コーポレート・コミュニケーション部門の企業映像は、経済状況が悪いと企業の発注が減るため作品数は減少するが、教養を目的とする作品や社会性のあるテーマを伝えるソーシャル・コミュニケーション部門や自由課題のパーソナル・コミュニケーション部門はそれほど影響を受けない。この一年は、震災という状況を受けて、被災地にカメラを持ち込んで数多くのドキュメンタリーが制作されていると踏んでいたが、作品数においてはそれが裏付けられる結果となった。

審査は、三部門合わせて六七作品が一次審査を通過した。二次審査は、この年より部門ごとに分かれて、コーポレート・コミュニケーション部門は、白土謙二、草川衛、田中俊行、ソーシャル・コミュニケーション部門は、恩田泰子、岡田秀則、渡部実、パーソナル・コミュニケーション部門は、小栗康平、日向寺太郎、渡邉龍一郎の各氏に審査委員を委嘱し、受賞三〇作品を選んだ。

戦災体験者の証言を記録する

最優秀作品賞（グランプリ）は、『中央区戦災体験者の証言　空襲篇』（製作：毎日映画社／クライアント：東京都中央区）が受賞した。

この作品は、昭和一九年末から二〇年にかけてたびたび空襲に見舞われた中央区に住んでいた人々の体験をまとめた証言記録である。六五年以上経た今も一人ひとりの空襲体験はまるで昨日のことのように鮮明で心に響く。江戸っ子の歯切れのよい言葉からは、戦争の絶望的な状況下でも「生きよう」「生きてさえいれば」という希望を胸に生き抜いた庶民の逞しさが伝わり、ユニークな都市の戦中史となっている。

これは決して派手な作品ではなく、三年間かけてコツコツ取材した映像記録である。ディレクターの岸本喜久男さんは「今回はドキュメンタリーではなく証言集というジャンルで、その方々の「言葉」の強さを伝えられることを再認識した。証言者が主役になり、その証言を淡々と綴っていくからこそ、伝わるものがあると実感した」と語る。

映像作品は予算や規模が全てではない。身近な人々の素朴な証言を発掘し、簡潔な構成を活かして、価値のあるオーラル・ヒストリーにする。そういう企てにエールを贈りたいと思った。

国立新美術館での表彰式

五年が経過し、「映文連アワード」は、表彰式会場の見直しが課題となっていた。大震災後の厳しい財政の中で経費を少しでも削減したいという思いもあった。

都内の数件の会場をリストアップし、要件を検討した上で、六本木の国立新美術館講堂に開催の希望を申し入れ、幸いにも了承を得られた。前々年に公益法人に移行していたことも有利に働いたのかもしれない。

地方上映会は、この二年間、大阪・札幌・沖縄で開催していたが、この年は東日本大震災復興のため、仙台で特別上映会を開催したいと考え、せんだいメディアテークに使用を申し入れた。札幌も新しい上映会場を探す必要があった。

上映会場の確保は簡単ではない。会場選びは、映像祭のイメージに即して候補会場を検討し、その時ベストと考えられる会場にアプローチする、最善を尽くすことが求められる。やればできる、意思と交渉力さえあれば何とかなると実感した。

「国内映画祭等の活動」を支援する芸文振の助成金には、これらの事業を盛り込んで申請し、過去二年より七〇万円増の助成金一六〇万円の支援を受けることになった。

「映文連アワード2012」は、一一月二六日に表彰式、翌二七日から三日間にわたって受賞作品上映会を組んだ。一ヶ月前に上映会プログラムを完成させ、特設HPをオープンした。この年、遅まきながらYouTubeに動画告知映像をアップした。

国立新美術館講堂に移して開催した表彰式は、午前一〇時から運営スタッフが入り、会場準備やリハーサルを行い、一三時三〇分からの表彰式本番に備えた。アワード受賞者やその関係者、会員や一般の方々など約一六〇名が出席し、好評のうちに終えることができた。

翌二七日からは富士フィルム西麻布本社一階ホールで受賞作品上映会を開催した。このホールでの開催は、これが最後となる。

上映会では、受賞三〇作品を五つのテーマに分けて公開上映した。スペシャルイベントとして、受賞作品の演出家等を招き、二つのトークセッションを催した。

制作者は三・一一とどう向き合ったか

この年は、前年三月一一日の東日本大震災をテーマにした作品が数多く受賞した。大震災や原発事故をめぐり、それぞれ異なる立場からアプローチした制作者や演出家から三名に集まってもらい「制作者は三・一一とどう向き合ったか」と題して、作品の狙いやそこに込めた思い、制作のエピソードなどを聞いた。出演は、原村政樹（『米の放射能汚染ゼロへの挑戦――二〇一一年福島県天栄村の記録』演出・桜映画社）、大屋光子（『指揮官たちの決断――東日本大震災と自衛隊』製作・東北新社）、平田潤子（『なにゃどやら――陸中・小子内の盆唄』演出・テレコムスタッフ）の各氏である。ナビゲーターは、一次審査委員の田島利枝氏にお願いした。トークセッションから制作した動機についての発言を取り上げてみた。

原村政樹氏　私は農業が一番大きなテーマで、あるきっかけから福島県天栄村の耕作放棄地を再生しようという天栄村栽培研究会の動きを撮っていた。「天栄米」というブランド米を立ち上げて、さあいよいよという時に原発事故が起きてしまった。四月になり、県全域を作付け制限していた時期で、どうなるかわからないけれどとにかく米をつくろうということになった。天栄村産業振興の吉成課長が情報を集めて、化学肥料のカリウム、ゼオライト、プルシアンブルーで土地は汚染されていても作物には放射線セシウムがほとんどいかなくなるということがわかり、放射能汚染に悩んでいる方々に少しでも情報になるのではないかということで映像を作った。

取材するということは、特にドキュメンタリーの場合は相手に信頼されなければ、いい映像は撮れない。あの時期、今と比べると重苦しい精神状態にあったと思う。その中でも心を開いて受け入れてくれたのは、それ以前の一年間の付き合いが大きい。

大屋光子氏　企画がなかなか通らなかったが、秋になり、ヒストリーチャンネルというCS番組で震災企画の募集があり書いた。番組の視聴者は経営者の方が多く、決断に悩むこともあるはずだと思い、指揮官たちの決断力・判断力を中心に据えた企画書を出したら通った。一〇年くらい防衛省の広報ビデオや番組をやっており、多くの人たちと会って仕事の上で信頼関係を築いていた。企画書を持っていくと大屋さんがいうのだったらやるかといってくれた。映像は力があるもののはずなのに自分でカメラを回していて、津波の被害を一〇〇％伝えられない虚しさを感じた。我々は住んでいないから、その土地に何があったのか、ビフォアがわからない、浚《さら》われてただ海が広がっている。本当に酷い被害をどうすれば伝えられるだろうと撮影当初はすごく考えさせられた。

トークセッションの出演者たち（右から平田潤子氏、大屋光子氏、原村政樹氏）

平田潤子氏　二〇〇八年にCS番組「日本の記憶」のシリーズの一つとして、柳田國男の『清光館哀史』が書かれた舞台、岩手県小子内を訪ねたが、三・一一の津波があり、とりあえずカメラマンと二人で訪ねた。震災直後は、どうして撮るのか、自分の中にすごく葛藤があった。被害の大きい漁村がたくさんある。そういうところでないと番組にはならないし、撮影に行く意味もないのではないかという風潮がある。小子内の人たちは、幸いにも歴史の中でずっと伝えられてきたことを守って高台に移転し、助かった。しかし、今年もするに違いないと思っていた死者を送るための盆踊りをしないと知って、村には村の理屈があって伝統とは違うベクトルが生まれている。その時にハッと目が覚めたというか。小子内の人たちのアクチュアリティ、いま目の前にある、震災と向き合っている人たちの姿をただ見つめるという方法で記録させてもらえないだろうかと、そこで自分が何を感じられたか、わかったのは編集に入ってからかもしれない。

震災は非常に大きな災禍であり、なぜ撮影するのかが問われる。撮る側も戸惑いつつの映像制作であったと思う。三作品は、監督・プロデューサーという立場の違いや制作目的、きっかけは異なるものの、以前からの取り組みが生きて震災直後でも撮影を可能にしており、取材対象とのそれまでの関係の大切さを物語っている。対象者と誠実に向きあったことでこのように人々の記憶に残る作品に仕上がったのだと思う。

震災復興支援 仙台上映会と札幌上映会

年が明けて二〇一三年一月一四日には、せんだいメディアテーク七階スタジオシアターにおいて、仙台で初めての上映会「震災復興支援特別上映会 in 仙台――〝未来への心を映す〟プロジェクト」を開催した。当日は、稀にしかぶつからない爆弾低気圧に見舞われ、朝から大雪となった。二〇センチもの雪が積もって、定禅寺通りのケヤキ並木もすっかり雪景色となり、客足に大きく影響した。参加者は予想を下回り二六名と残念な結果に終わった。

上映作品は、科学作品を中心としたAプログラム「子供たちの未来へ」四作品、グランプリ受賞作品のBプログラム「感動・人間ドキュメント」二作品、今年度の東北関係の受賞作品のCプログラム「震災を越えて」三作品のプログラムを組んだ。

観客からは、「子どもたちにぜひ見てほしい内容ばかりでした」とか、『生きもの――金子兜太の世界』には、「この作品はズバリ、自分にとって生きる原点、命の大切さを感じました」「俳句表現者としての人間的魅力を引き出した映像でとても感動的。本人しか登場しなくても自然な形で語りがあって心に響くものでした」という感想が寄せられた。

主催者側として、住田実行委員長と映像祭担当の北世さん、経理の土田さん、事務局長の私の四人で仙台へ日帰り出張をした。大雪で寒かったので、帰りは着火で温められる牛タン駅弁を買って食べながら帰京し、ほっと一息ついた。

今回で三回目を迎える札幌での上映会は、二月一九・二〇日にシアターキノで開催した。この年は協力してもらっている北海道映像記録の馬場さんの対応が難しく、途切れるのは好ましくないと考え、事務局よりシアターキノで開催する手筈を整えた。

札幌は、いつもなら雪祭りが終わると道路に雪がなくなるが、この年は次々に大雪が降り、道路の角には雪の壁が断層を見せていた。そんな札幌での上映会に私は出向いた。狸小路商店街にあるシアターキノは、二つのホール（一〇〇席と六三席）をもつ小さな映画館（ミニシアター）で、大手映画館ではなかなか観られない良質な外国映画やドキュメンタリーなどを心憎いセレクトで上映している。館主の中島洋さんとメールで連絡を取りながら、何とか二日間、夜の部での上映にこぎつけた。

上映会が満席になることはそれほど多くないが、嬉しいことに『江差追分——人生の唄』と『ふじ学徒隊』のAプログラムは、地元人気を呼んで、開始前にはエントランスに人が溢れ、ほぼ満席に近い状態になった。北海道新聞と朝日新聞二紙に報道され、それを読んで来場された方も多かった。中には、札幌まで三時間ほどかかる長万部《おしやまんべ》から泊まりがけで四プログラムを観に来てくれた方もあり、その熱意に感激した。

ソーシャル・コミュニケーション部門で部門優秀賞を受賞した『江差追分——人生の唄』

は、北海道映像記録の若手ディレクター菊池幸枝さんが演出した作品だ。「密度ある構成となっており、見応えある作品」と評価されて受賞となった。この作品に対しては「スケールが大きくて感動を受けた。北海道の素晴らしい映像をみせてもらった」と感想が寄せられた。

併映した文部科学大臣賞を受賞した、沖縄戦でわずか三名の戦死者に止めた女子学徒隊の経験を描いた『ふじ学徒隊』（製作：海燕社）にも「戦争の知らない部分を知ったことはとても良かった」「沖縄戦を忘れないためにも、体験された方々の証言（「本物の言葉」）を映像化したこの作品はとても貴重だと思った」「二本とも心に残る作品だった。このような映画が一般の人が見られないのは残念です。ＮＨＫテレビなどで放映してもらうことは出来ないでしょうか」などと声が寄せられた。

短編映像は一般の人には馴染みがなく、なかなか観に来てもらえない。しかし、一度観てその良さを発見すると、また観てみたいと思われることが多い。でも、そこまでたどり着くのがなかなか遠い。集客に悪戦苦闘が続く。それでもヒントはある。興味深いテーマの作品や地元関連の作品が上映されること、新聞報道されること、そして、その地に根をはっている制作会社があり、知人・関係者を口コミで動員して下さること。単純かもしれないが、それが上映会の盛況に繋がると思う。

人材育成セミナー TANPEN（短編）塾の開始

いい映像を作るには、「人」をしっかり育てることが大切である。

映文連では「映文連アワード」の運営と並行して、映像業界で活躍する人材育成を目指すセミナー「映文連TANPEN塾」（集中講座）を二〇一三年一月から開講した。

「映文連TANPEN塾」の始まりは、ごく個人的なきっかけからだった。事務局長に就任して以来、散発的にセミナーは開催しており、大学と連携して「出前塾」のような形で講義をできないかという希望を持っていた。当時、私はスタッフが育ってやや時間に余裕を持てたせいか、英文メールを勉強したいと思い、夜、大学のオープンカレッジに通い始めた。週一回で三ヶ月ほど続くコースである。講座には、職業を持っている人が仕事を終えて集まってくる。参加するうちに映文連でもこういう講座がもてないかと思い、連続開催の提案に繋がった。

当初は、一〇回の連続企画だったが、職業人はそんなに何度も時間を取れない。講師が二名ずつ組んで全五回のセミナーにしてはということになり、この形に落ち着いた。

「映文連TANPEN塾」の告知チラシの冒頭では、

今日のメディア状況を踏まえながら、これから映像業界で活躍する人材育成をめざす講座です。業界で活躍する講師陣をお招きし、様々な角度から映像のつくり方を伝授します。一回の講義に二名の講師を組み合わせた多彩なカリキュラム。これから業界へ入る学生や制作プロダクションで働く若手制作者は勿論のこと、すでに経験を積んだ方々にも関心を持って頂ける講座内容となっています。

と趣旨を謳っている。

「TANPEN塾」のネーミングは、塚田会長によるものである。当初、受講対象は若手制作者を想定し、四〇人一クラスで、大教室の授業ではなく、講師と直に接し、気軽に質問もできるようなアットホームな学びの場をイメージしていた。塾の時間は、仕事を終えてから通える一八時開始で二一時までとした。会場は、クリーク・アンド・リバー社二階のホールをご厚意で借りてスタートした。その時々の注目すべきメディア状況を踏まえ、業界で活躍する方々に講師をお願いした。一〇名の講師陣の中には、「映文連アワード」の受賞者を必ず入れるようにした。優れた作品を制作したプロデューサーや監督の講義から、若い人たちが映像制作のヒントを学んでほしいという思いからだ。

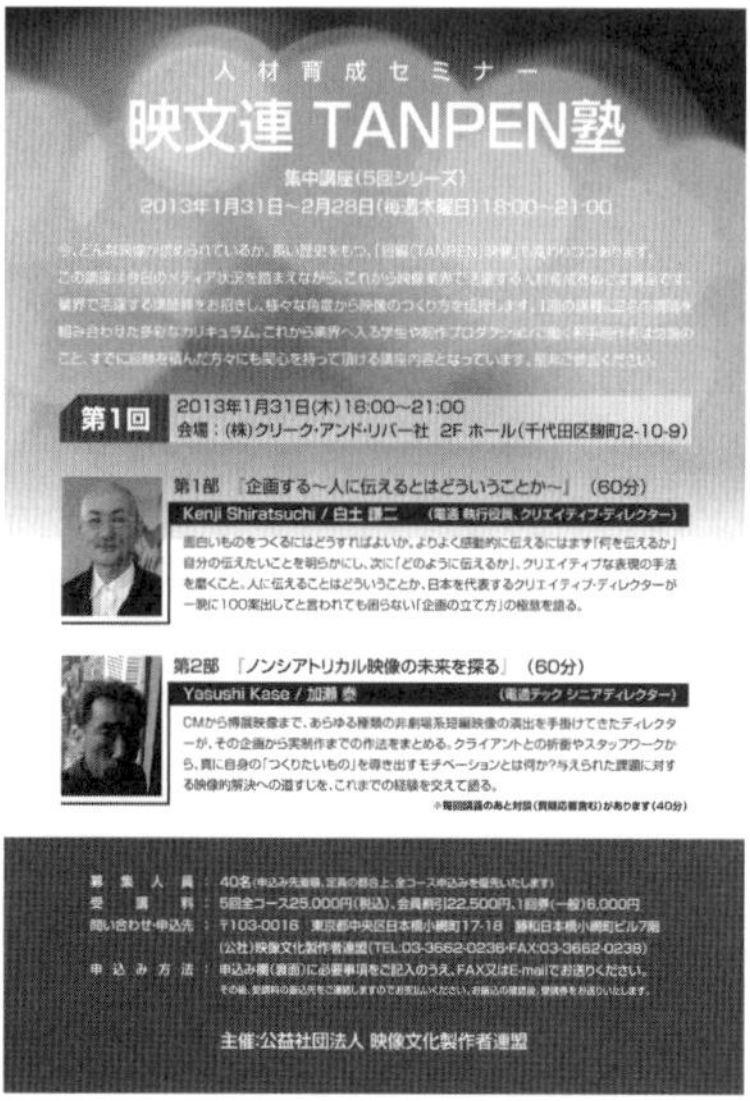

第1回「映文連TANPEN塾」パンフレット

第一回「映文連TANPEN塾」は、二〇一三年一月三一日から二月二八日まで毎週木曜日夜に開催した。テーマは「広告映像」「テレビ&CMこれから」「CG&VFX」「映像を撮る・作る」「ドーム映像」とした。それぞれの講義の後には、講師の対談と質疑応答の時間を設けており、活発な応酬があっておもしろい話が聞けた。初回の企画は、どちらかといえば、自らの周辺でこの人の話を聞いてみたいと思う講師を選んだ。

第一回「企画する――人に伝えるとはどういうことか」

講師：白土謙二（電通 執行役員、クリエイティブ・ディレクター）

「ノンシアトリカル映像の未来を探る」

講師：加瀬泰（電通テック シニアディレクター）

第二回「〝新たなテレビ〟の可能性を求めて」

講師：長嶋甲兵（テレコムスタッフプロデューサー）
「ぼくのCMディレクション」
講師：中島信也（東北新社 取締役、CMディレクター）
第三回
「CG映像のスタイルについて」
講師：林田宏之（リンダ 代表取締役、CGアーティスト）
「VFX・質感とリアルさを追求する」
講師：西田裕（オムニバス・ジャパン VFXスーパーバイザー）
第四回
「映像をどう撮るか」
講師：川上皓市（撮影監督）
「ドキュメンタリーをつくる」
講師：原村政樹（桜映画社 記録映画監督）
第五回
「フルドーム映像で想いを伝える」
講師：上坂浩光（ライブ 代表取締役、監督・CGアーティスト）
「大型ドーム映像を演出する」
講師：大西悟（太陽企画 ディレクター）

第一回の講師・加瀬氏、第四回の原村氏、第五回の上坂氏は、映文連アワードの受賞者であった。

講師とテーマは、人材育成委員会（委員長：宮本泰宏、のち風間宏規）で検討し、大部分は事務局で交渉するが、多忙な方々を一〇人揃えるのはなかなか難しく、告知がぎりぎりになることもあった。立ち上げた頃は、「TANPEN塾」の知名度もなく交渉に苦労することもあったが、三年ほど実績を積むと過去のチラシを見せるだけで了承してもらえるようになり、スムーズにいくようになった。講師陣は総じて実力のある方々で、講義は示唆に富み、受講生限定のセミナーであるため、自身が製作に関わった映像を多く見せてもらえ、聞き応えのある内容が多かった。話が上手ではない講師の方でも、伝えたい熱意があれば、その思いは伝わり、受講生の感想は悪くはなかった。

二〇一四年度からは、映像制作の基礎を教える新入社員向けの基礎講座も始める。

TANPEN塾の講義が若手制作者の能力向上にどれだけ役立ったかは、すぐにはわからないかもしれない。しかし、いつかその受講生が仕事上の苦難に直面した時や将来を迷った時に細やかな指針になってくれれば有り難いと思う。

第七回「映文連アワード2013」

〝ゆめまくひと〟

二〇一三年、一九五三（昭和二八）年に創設された映像文化製作者連盟は六〇周年を迎えた。

そこで、東日本大震災を経て、七回目を迎えた『映文連アワード2013』のコンセプトは「ORIGIN」。キャッチコピーは〝ゆめまくひと〟とした。

自らの原点に立ち返り、「我々は、なぜ映像を作るのか」を改めて問い直しつつ、日本新生を感じさせる多様な短編映像コンテンツを発信したいと考えた。

フランスのことわざに「すべての風に向かって種をまく」というのがあるそうだが、どんな困難があっても初志を貫くべく努力をする意味があるという。

決して平坦でない道を歩んできた映文連もまた幾多の困難を乗り越え、何もないところに「種まく人」であったのではないか。

〝ゆめ〟は、「創造力」「希望」、あるいは「理想」と置き換えてもらってもいい。映文連が歩んできた半世紀を越える時間である六〇年、人間でいえば、還暦だ。また、生まれ変わって、震災からの復興・再生へと向かう社会に多様な短編映像コンテンツを発信し、新たな「ゆめまくひと」であり続けたいという願いが込められた。

「映文連アワード２０１３」には、三部門で過去最高となる一五六本の作品応募があった。

六〇周年を迎えた映像文化製作者連盟は、この年いくつかの記念事業を行った。

まず六月六日には、通常総会及び六〇周年記念パーティーを麻布・鳥居坂にある国際文化会館において開催した。この会館は、一九五二年、ロックフェラー財団をはじめ内外の諸団体などから資金提供をうけて設立され、世界の研究者や文化人、芸術家、企業人が集う文化交流の場となってきており、六〇周年記念の会員懇親会の会場として選ばせてもらった。一五時から樺山ルームで開催した六〇周年を祝う記念パーティーには、元理事にも声を掛け、懐かしい方々も多数ご参加いただいた。

永きにわたり短編業界で活躍し功績を残された方や当連盟の活動にご功労いただいた

方々を表彰しようということで、新たに設けた「名誉会員」の表彰を行った。その第一回として、元映文連会長の有馬朗人氏と映像プランナー吉原順平氏のお二人を表彰した。

有馬氏は、理学博士で、東京大学総長、理化学研究所理事長、参議院議員、文部大臣・科学技術庁長官などの要職を歴任した方であるが、二〇〇〇（平成一二）年から〇四年五月まで映文連の会長を務めてもらった。

歴代会長（右から八木信忠氏、有馬朗人氏、塚田芳夫氏）

吉原氏は、一九五七（昭和三二）年に岩波映画製作所に入社し、産業映画やテレビ番組などの企画・脚本などを担当する。大阪万博では東芝ＩＨＩ館・電力館等の映像担当プランナーを務め、退社後も展示・映像演出の計画を数多く手がけた。映文連アワードのマニフェスト草稿者でもあり、初回から五回まで二次審査委員を務めてもらっていた。

二時間にわたる懇親パーティーは、紹介や挨拶がやや長くなり、ゆったりとした交流の時間が確保できず、料理を堪能いただけなかったことが残念ではあったが、周年記念事業が無事終了し、事務局長の私としては肩の荷を一つ下ろした。

「映文連アワード」の審査は、例年通り七月初旬から始め、三部門で七二作品が一次通過した。二次審査は、新たにパーソナル・コミュニケーション部門に御法川修（映画監督）が加わり、九名の外部審査委員に委嘱して審査を進め、最優秀作品賞（グランプリ）を始め、文部科学大臣賞には『Eternal Return──いのちを継ぐもの』、経済産業大臣賞には『実践学園中学・高等学校　二〇一三年度学校案内　中高一貫編』のほか、優秀作品賞（準グランプリ）三作品、部門優秀賞など、二九作品の受賞が決まった。

不覚にも私はその年の夏、松葉杖をついて過ごすことになる。七月中旬、埼玉のＳＫＩＰシティ映像祭へ出向いた折に、最寄り駅前の階段で左足を捻って歩けず、そのまま救急車で病院へ向かった。結局、足の小指の付け根の骨折とわかったが、四〇日間ギプスに松葉杖をついての日々は、事務局へ行くのもひと苦労だった。ちょうど一次審査が終わり、繁忙期の合間で何とか乗り切ることができたのは不幸中の幸いであった。

全編３Ｄ制作したドキュメンタリー

最優秀作品賞には、『ダイハツコペン３Ｄ』（製作：東北新社／クライアント：ダイハツ工業）

が選ばれた。世界唯一の軽スポーツカー「コペン」を製造してきたダイハツ大阪池田工場は、ロボット化が進む中、熟練工の手に支えられた特異なラインだった。「コペン」の製造はすでに打ち切られ、本作は最後の「コペン」の製造を3D映像で記録したものとなる。ラインが閉鎖される寂しさも漂う中、消えていった熟練工の技の素晴らしさは、経験によって育てられた職人魂や誇りさえ感じさせて、日本の製造業が失ってはならないものを示唆していた。

『ダイハツコペン3D』

プロデューサーの中澤研太さんは「工場の記録映像ではあるが、企業CMや一本の映画をつくっている感覚で、徹底的に良い部分を切り出すことにこだわった結果、全てのカットにおいて普通のドキュメンタリーとは一味違ったビジュアルになった」と振り返る。

この作品は、九分三三秒という短い企業映像であるが、全編3Dという最新技術で制作に挑み、巧みな演出で職人たちの技や想いを伝えており、コーポレート・コミュニケーション部門からの初のグランプリ受賞作品となった。

なお、『ダイハツコペン３Ｄ』を演出し、他の作品でも部門優秀賞を受賞した下田章仁氏（東北新社）には、個人賞のクリエイター賞が贈られた。

六〇周年記念特別上映会

「映文連アワード２０１３」表彰式は、一二月六日に前年と同じく国立新美術館講堂での開催となった。アワード受賞者やその関係者など約一七〇名が出席し、受賞者には賞状とトロフィーが授与された。受賞したプロデューサーや監督のコメントからは作品に込められた想いや苦労が浮かび上がってくる。型破りな受賞コメントは少なかったが、印象に残る言葉もあった。また、この年は撮影カメラが五台入って表彰式を収録し、ＮＨＫ午後五時のニュースでも報道された。公共メディアでの放送は画期的なことだった。

続く一二月八〜一一日には恵比寿・日仏会館ホールにおいて「映文連アワード２０１３」受賞作品上映会と映文連創立六〇周年記念上映会を開催した。

受賞作品上映会では、最優秀作品賞を始め、二九本の受賞作品をテーマごとに七つのプログラムに分けて公開上映した。関連イベントとして、「人を育てる、夢を育む――今、教育映像に求められること」と題して、受賞作品を製作したプロデューサーやディレクターを招き、トークセッションを催した。

一二月八日に行った「映文連創立六〇周年記念特別上映会」では、上映会に先立ち、「あなたが選ぶ短編映像ベスト10」として投票を呼びかけた。その結果と吉原順平氏の意見を参考に年代ごとに優れた短編映像を選び、著作権者の了解を得て、「短編作品が映す日本の歩み」として一一作品を上映した。一九五〇年代は、『はえのいない町』（岩波映画製作所）と『ミクロの世界——結核菌を追って』（東京シネマ）、六〇年代は、『一粒の麦』（日本産業映画センター）と『銀座の地下を掘る』（日本映画新社）、七〇年代は、『野菜の値段のからくり』（農山漁村文化協会）と『彫る——棟方志功の世界』（美術映画製作協会、毎日映画社）、八〇年代は、『有明海の干潟漁』（桜映画社）と『ナノワールドに挑む——電子顕微鏡が探る極微の世界』（イメージサイエンス）など、今ではほとんど鑑賞する機会のない短編の名作をラインナップした。

また上映会では「短編映像の役割とは何か」と題して、トークセッションを開催した。渡部実（映画評論家）、木村照彦（イメージサイエンス 代表取締役社長）、小松原時夫（モンタージュ プロデューサー）、益田祐美子（平成プロジェクト 代表取締役社長）、金山芳和（金山プロダクション、すかがわ国際短編映画祭実行委員）らが出席し、映文連の高橋秀明副会長が司会を務めて、短編映像の役割について語り合った。

上映会では、日仏会館ホールの一角に過去に使用されてきた映像機器の展示も行った。実行委員からこれまで使用してきた映像機器を展示してはという意見が出て、各社に機器の提供をお願いして貸し出してもらった。中村義成委員は説明文のボードを自ら手作りで協力してくれた。映像に関わる人にとっては懐かしい映像六〇年の歴史を垣間見る展示となった。

第八回「映文連アワード2014」

〝あらたな 物語が はじまる〟

東日本大震災から三年、東京五輪招致に成功し、アベノミクスで景況感は改善されたかに見えた。いっぽう、国会では強い反対があったにもかかわらず、特定秘密保護法案が強行採決されてしまった。隣国との関係は冷え込んでおり、危うい雰囲気も漂っていた。

しかし、このような時だからこそ、国と国を越え、人と人がお互いに理解し合うことが大切ではなかろうか。お互いを繋ぐものは、「文化（＝知）」であり、「文化の力」を信じて、短編を発信していこうという思いから、「映文連アワード２０１４」のコンセプトは「文化の力」、キャッチコピーは、〝あらたな物語がはじまる〟とした。

「映文連アワード２０１４」のポスター図案はがらりと変わり、一面に大きく「映文連アワード二〇一四」の文字がデザイン化されている。

実はこの一一文字は、いろいろな国の言葉から成り立っている。その言語は十数ヶ国だ。日本語はもちろん、英語、韓国語、中国、タイ語、ロシア語、ギリシア語、グルジア語、タミル語、ベンガル語、モンゴル語……。どこにデザインされているか、言葉探しもおもしろい。タイポグラフィーのように文字をコラージュしたデザインは、世界の人々と繋がることをイメージしていた。

「映文連アワード２０１４」は、キャッチコピー入りのポスター・フライヤーを配布し、広く作品募集したところ、三部門で一四六本の作品応募があった。

一次審査では、三部門合わせて六九作品が審査を通過した。二次審査では、パーソナル・コミュニケーション部門に新たに安藤紘平氏（映画監督・早稲田大学名誉教授）に審査委員に加わってもらい、外部九名の二次審査委員によって受賞作品を決定した。

「宇宙への憧れ」を物語る企業映像

最優秀作品賞（グランプリ）には、『すばる望遠鏡 Hyper Suprime-Cam——世界最大の補正光学系開発』（製作：イメージサイエンス／クライアント：キヤノン）が選ばれた。ハワイ島マウナケア山頂から宇宙を観測する日本のすばる望遠鏡に用いられた、オープン時よりさらに広い視野を求めて開発された主焦点カメラ、Hyper Suprime-Cam（ＨＳＣ）に搭載される主焦点補正光学系のレンズユニットがいかに優れているか、レンズユニットの構造や性能を解説する。天文学者や技術者のインタビューで語られる未知なる宇宙の暗黒エネルギーの存在は興味を掻き立て、レンズが広い視野をもつことの意義がよく伝わり、見る者を何億光年も先の彼方へと誘ってくれる映像である。

映像のクライマックスともいえる、すばる望遠鏡ＨＳＣが星からの最初の光を受像する「ファーストライト」の映像は、通常では絶対に不可能と思われる夜間観測中のすばる望遠鏡内で、ドームに差し込む満月の光のみで撮影されている。上坂浩光監督の撮りたいイメージを諦めずに提案し、実現させたプロデューサーの大須賀喜彦さんは「正直ここまで映るとは思わなかった。しかも満月の先には、驚異的な数の星々が映っている。氷点下に近い中、撮影スタッフは興奮しながら撮影を続けた。私もこのカットを撮りきれたことで大きな感動と満足感を覚えた」とインタビューで語っている。

幾多の困難があっても熱意を持ってそれを乗り越え、納得のいく作品を完成させる。美しい映像と的確な解説で企業の技術力・先進性を表現したことが評価された。

『すばる望遠鏡 Hyper Suprime-Cam ——世界最大の補正光学系開発』

文部科学大臣賞には、『秋桜の咲く日』（製作：東映／クライアント：北九州市教育委員会ほか）、経済産業大臣賞には『Grand Seiko PV——人生時計』（製作：東北新社／クライアント：セイコーウオッチ）が選ばれたほか、優秀作品賞（準グランプリ）、部門優秀賞など二九作品と、個人賞の優秀クリエイター賞は、前出の最優秀作品賞と『MUSICA——宇宙はなぜ美しい？』で部門優秀賞をダブル受賞した上坂浩光氏に、小高出身の小説家・志賀泉氏が原発事故で被災した故郷を歩き、少年時代を語るドキュメンタリー作品『原発被災地になった故郷への旅——福島県南相馬市』を製作した杉田このみ氏と志賀泉氏（1組）にパーソナル・ドキュメンタリー賞が贈られた。

Facebookを始める

これまで映文連アワードは、特設HP等で上映会告知をしてきたが、この年九月からFacebookでの発信を始める。最初の発信として、同月一二日夜に大阪・中之島中央公会堂で開催された大阪・ハンブルクを結ぶイベント『水の記憶』上映会を取り上げた。このイベントは、毎年ドイツで開催されるWorldMediaFestivals（ワールドメディア・フェスティバル）に参加している奥村恵美子さんがハンブルク在住のドキュメンタリー映画作家のブリギッテ・クラウゼさんと映画祭で出会い、大阪・ハンブルクを結ぶ共同映像『水の記憶』の製作が実現したものである。この日は、ブリギッテさんも来日して上映やトークセッションが行われ、小集会室九〇席は満席となり、立ち見も出るほど大盛況だった。

この後も上映会の告知などを発信していくことになり、前掲の『すばる望遠鏡 Hyper Suprime-Cam』、優秀作品賞を受賞した『UBUGOE』、部門優秀賞を受賞した『ノーマン・ザ・スノーマン――北の国のオーロラ』と発信したところで、悲しいお知らせをしなければならなかった。一一月一〇日、映像プランナーの吉原順平さんが八二歳で亡くなられたのだ。

吉原さんと映文連の関わりは、ドキュメンタリー映像集成の監修や企画、助言など多岐にわたり、「映文連アワード」でも立ち上げの時から深く関わっていただいた。マニフェストの草案を始め、第一回から五回までは二次審査委員を務めてもらい、コーポレート・コミュニケーション部門を中心に明解な視点で短編映像を評価し、温かく見守ってもらった。一一月一四日のFacebookには「吉原順平さん逝く」を掲げ、ご冥福をお祈りした。

「映文連アワード２０１４」表彰式は、一一月一七日に六本木の国立新美術館講堂で開催し、翌一八・一九日にはシネマート六本木にて受賞作品上映会を開催し、受賞二九作品を六プログラムに分けて公開上映した。受賞作品のプロデューサーやディレクターをゲストに招き、「女性たちが短編映像をもっと面白くする?!」「ドキュメンタリー映像の可能性を求めて」と題したトークセッションを催した。

女性たちが短編映像をもっと面白くする?!

この年のカンヌ国際映画祭では、学生の短編を集めた部門で平柳敦子監督の『Oh Lucy!』や早川千絵監督の『ナイアガラ』が注目され、モントリオール世界映画祭でも『そこのみにて光輝く』で呉美保監督が監督賞を受賞した。長らく男性中心の社会だった映画界の作り手の側にも女性監督の活躍が目立ち始めた。短編映像の世界は、比較的女性が進出しやすい分野で女性監督は珍しくなかったが、制作現場にはプロデューサー、脚本・演出、カメラマン、編集、美術などさまざまな職種に女性たちが進出し始めていた。これから短編をおもしろくするのは、女性たちの力によるところが大きいのではないかという思いから、女性が関わることでどのような感性の短編が生まれるのか、女性であることで仕事をする上で困難はあるのかなどをテーマとして、一一月一八日のトークセッションでは「女性たちが短編映像をもっと面白くする?!」と題して、受賞作品の女性監督や脚本家などに集まってもらい話を聞いた。出演は、山上梨香（『秋桜の咲く日』脚本）、鈴木わかな（『UBUGOE』演出）、片岡希（『鬼来迎――鬼と仏が生きる里』演出）、ふくだみゆき（『マシュマロ×ぺいん』演出）の各氏で、司会進行は事務局長の私自身が務めた。

山上梨香氏　高橋監督とは何本も作品をやりお互いにわかったつもり。私はポンポン台詞を思いつくが、構成を組み立てるのに弱く、脂肪分の多い一稿を書いてしまう。監督はそれを立体的に彫刻するような感じで不要な台詞をどんどん削っていく。時にはそれは切らないでくれと揉めたりすることもある。役者も含め監督が単色で塗ったものを塗り込めて新しいものにしてくれたりするので、今楽しくやっている。

鈴木わかな氏　女性としてとかは、あまり考えないでやっていたが、確かに分娩室に入るところで、妊婦さんにとっては女性であった方が気にしないというか、女性だからやりやすかったというのはあると思う。ＣＭは制作期間も短いが、今回『UBUGOE』をやり、被写体と何ヶ月も向き合ってじっくり観察するという時間をもらえたのはすごくよかった。ＣＭの女性監督は結婚する方が少なかったが、最近は私の少し上の世代で産休を終えて復帰する方が増えてきている。私はちょうど今年結婚したが、私も頑張ってその波に乗りたいなと思っている。

片岡希氏　私が中国の映画大学（北京電影学院）を卒業する時に周りからいわれたのは、中国では女性の監督が多く活躍している、日本に帰ったら男性中心社会で現場でもしなくていい苦労をすると聞いているから中国に残っていた方がよいのではないかと。幸か不幸か、女性だからこれができなかったとか、悩んだケースはあまりないが、今回は子どもたちにも鬼来迎伝承のスポットを当て、世代の違う三人が監督をしており、子どもたちの中には私の方が同じ目線で入りやすかった。私は横浜に住み、華僑の方を取材しているが、仕事としての作品も撮りつつ、自主としての作品も撮り続けていけるような人生を送れたらいいなと思っている。

ふくだみゆき氏　初めて実写の映画を取ろうと思った時、できるだけ身近なテーマがいいと思い、数年ぶりに会った元カレが付き合った当初から全然成長が見られなくて気持ちが悪いなと思ったのがきっかけでこの映画を撮ろうと思った。あまり映画を見ていなくて目指す監督とか明確にいえないが、女性は出産とか結婚とか経験すると角が丸くなるといわれることがあるので、そういう経験をする前に尖った作品をつくれたらいいなと思っている。今、新作のアニメーションをつくっているが、腋毛フェチの女子中学生の話で腋毛が生えている男子のことを好きになるというもの（『こんぷれっくす×コンプレックス』は、のちに毎日映画コンクールのアニメーション映画賞受賞）。割とコアなところをテーマにしたものが好きで、あまり身近ではないけれど、皆さんの心にすっと入っていけるような作品をつくっていけたらいいなと思っている。

四人それぞれであるが、女性であることをそれほど意識せず、自分の持ち味を生かし、伸びやかに自分のやりたいことを語る監督たちがいて、そこに希望を託したいと思った。

もう一つのトークセッションとして「ドキュメンタリー映像の可能性を求めて」を行った。デジタル技術の進化により、プロアマを問わず多くの人が映像を簡単につくれるようになり、ドキュメンタリー映像の世界も大きく変わった。社会性のある作品の中にも「個」の視点をもつものが増え、見る人の心を揺さぶる作品が数多く出てくるようになった。また東日本大震災・原発事故は、これまでの制度や科学技術の信頼性をも揺るがせ、改めてドキュメンタリー映像の役割を問い直す契機ともなった。杉田このみ、志賀泉（『原発被災地になった故郷への旅』演出・出演）、長尾栄治（『はじめ嬉しく、あと悲し』ユニモト 演出）、瀬川徹夫（『灯り続けた街の明かり』Digital Sound Design SEGAWA プロデューサー）各氏を迎え、モデレーターを読売新聞文化部記者の恩田泰子氏にお願いして、ドキュメンタリーの役割が改めて問われる今、その可能性について聞いた。

第九回「映文連アワード2015」

〝明日をみつめる。記憶をつたえる。〟

二〇一五年、日本は戦後七〇年を迎えた。七〇年といえば、おおよそ人の一生に近い。実際に経験した人が少なくなるにつれて、社会が共有していた「記憶」も薄れていく。

一つの節目として、書籍や映画など、さまざまな分野で戦後七〇年特集が数多く組まれた。

映文連アワードもそれを少し意識して、「映文連アワード2015」のコンセプトは「未来×記憶」、キャッチコピーは、〝明日をみつめる。記憶をつたえる。〟とした。

歴史・社会・文化などの領域で人々が共有してきた「記憶」は大切なもの。時代を越えて語り伝えていく必要があり、そこに短編映像が果たす役割も大きいのではないか。

「映文連アワード」は、忘れてはならない「記憶」と来たるべき「未来」につながる多様な短編映像コンテンツを発信していきたいと考えた。

ポスターデザインは、前方を見つめる意志的な女性の横顔である。女性は俯き、目を閉じる。キャッチコピーの〝明日をみつめる。記憶をつたえる。〟が右上に入る。「未来」と「記憶」の象徴と読み取ってもらいたい。

「映文連アワード2015」は、締め切りまでに三部門で一四〇作品の応募があった。審査は、三部門合わせて七五作品が一次審査を通過した。二次審査は、コーポレート・コミュニケーション部門に長谷部守彦氏（博報堂エグゼクティブクリエイティブディレクター）、ソーシャル・コミュニケーション部門に谷川建司氏（映画ジャーナリスト・早稲田大学政治経済学術院客員教授）、パーソナル・コミュニケーション部門に永田琴氏（映画監督）に新たに参加してもらい、受賞三一作品と優秀撮影賞を選んだ。

優れた「わざ」を浮かび上がらせる作品づくり

最優秀作品賞（グランプリ）には、『芭蕉布――平良敏子のわざ』（製作：シネマ沖縄／クライアント：文化庁）が選ばれた。沖縄の風土と歴史の中で生まれ、育まれてきた芭蕉布のわざを記録する三五ミリ工芸技術記録映画である。この作品は、糸芭蕉の栽培から始まって、

『芭蕉布——平良敏子のわざ』（©シネマ沖縄）

芭蕉布の琉球衣装として完成するまでの過程を、人間国宝である九四歳の平良敏子さんに寄り添い、そのわざとともに克明に記録している。
シネマ沖縄は、第一回の『やーさん ひーさん しからーさん』に続いて二度目のグランプリ受賞である。撮影対象である平良敏子さんの映画や映像作品がかなりあると聞いていた脚本・監督の謝名元慶福さんは、「今回は装飾的な演出を排除し、糸芭蕉の栽培から糸作り、織り、作品の完成までを丁寧に描き、そこに平良さんの優れたわざが自然に浮かび上がるようにした。平良さんの仕事ぶりはあまりにも早く、ついていくのがやっとでした」とインタビューで語っている。
戦後に途絶えかけていた芭蕉布を復興させ、単なる技術の継承に止まらず、今も伝統を現在に活かす努力を欠かさない平良さん。映像が捉えた平良さん自身の手に深く刻まれた皺には、幾多の苦難を乗り越えてきた沖縄の歴史と伝統文化への想いを感じさせてくれた。
まさに「明日をみつめる。記憶をつたえる。」という映文連アワード２０１５のコピーと響き合う受賞であった。

渋谷・ユーロライブでの初上映会

表彰式は、一一月二五日に国立新美術館講堂で開催し、翌二六、二七日には、渋谷・ユーロライブで「映文連アワード２０１５」受賞作品上映会を開催した。上映会会場は、前年開催したシネマート六本木が閉館となり、映像祭担当が探し出した単日貸し可能なユーロライブへ移ることになった。

シネマート六本木は駅から一分という好立地で、一階の飲食スペースは上映後の懇親会にも使用することができて望ましかったが、デジタル化の波が押し寄せて閉館となった。渋谷のミニシアター、ユーロスペースの階下にオープンした「ユーロライブ」は多目的な劇場で、落語ライブもやれば、映画の上映も可能で、一七八名という収容人数も我々にとっては好ましい規模だった。

上映会では、最優秀作品賞受賞作品を始め、受賞三一作品をテーマごとに六プログラムに分けて公開上映し、関連イベントとして受賞作品を製作したプロデューサーや監督をゲスト招き、「日本人の記憶とその技をめぐって」「映像の可能性を求めて——若手監督大いに語る」と題したトークセッションを催した。

若手監督が語る「映像の可能性を求めて」

二七日のトークセッションは「映像の可能性を求めて——若手監督大いに語る」と題して、アメリカで映画を学んだ経験があったり、頻繁に行き来している若手監督である齋藤俊道（『小春日和』監督）、相馬寿樹（『ガラスの園で月を食らう』監督）、山本尚志（『君のいない教室』監督）、渋谷悠（『100年の謝罪』監督）各氏を招き、アメリカから受けた影響や視聴環境の変化、短編と長編の違いなどを聞いた。モデレーターは、映画監督の日向寺太郎氏にお願いした。

齋藤俊道氏　スマホやインターネットの普及など状況の変化は十分認識しているが、個人的には、映画館で大きいスクリーンで映画を観るのが好きで、そういう形で公開される映画作りに憧れる。今回の『小春日和』も大きいスクリーンで上映することを前提に構図や編集を決めている。短編を多くの人に見てもらえるチャンスは広がっており、個人的には習作、名刺がわりのつもりでつくっている。デジタル機器の性能が上がってきており、iPhone で撮れる動画もかなり高画質で、映画監督を目指す人でなくとも作品を撮れてしまう時代だが、良い作品が増えると同時に良くない作品も増える。作り手はこういう道具が増えているからこそ、より一層クオリティを高める努力をしていかなければと思っている。

トークセッションで語る若手監督たち（右から渋谷悠氏、山本高志氏、相馬寿樹氏、齋藤俊道氏）

相馬寿樹氏　短編だと多くの映画祭に参加でき、長編以上に出会いの場があり、人脈を築けたり、プロモーションできる作品にはなっている。僕自身は今回の作品がきっかけで劇場用の長編映画が決まったが、自分自身のチャンスを広げる、新たなステージへ挑戦する一つの作品となった。今の時代、技術が発展し、これから映像表現をする上では可能性はすごく広がるし、自分たち作る側も観客へ伝える場合、どういう媒体で公開するのか、表現の幅も広がり、工夫していかなければならないが、僕自身は古くさいというか、王道というか、映画は大きいスクリーンの劇場で観るということにものすごく信念があって、僕は短編をつくっても、劇場で公開できる商業作品と同じようにクオリティーを保つし、高めたいと思っている。

山本尚志氏　短編はこんなに世界が深いというか、つくっていて一つ一つが勉強になった。映画は映画館で観るものだともちろん僕の中であるが、そうもいっていられないというか、NetflixやHuluなど、パソコンや携帯で映画を観られるような時代になっているので、僕自身、クオリティーが良ければ五分だろうが、劇場公開されなくても、その人の心を動かせる、その人の世界を少しでも変えられる媒体が携帯やパソコンの中から流れる映像でもこだわらないつもりではいるが、夢としては、やはり長編映画を撮って、アカデミー賞を獲りたいみたいな感じですけども（笑）。

渋谷悠氏　長編と短編の違いは、僕の中ではあまりない。物語を語るのに必要な時間、長さであって、便宜上、短編といったり、長編といったりしているような感じが強い。ただ短編を撮っても割と出口がないということで、長編を撮っていかなければいけないのかなと思う。僕にとって何が一番大事かというと、物語そのものであって、自分が思いついた物語を描くのに一番適しているフォーマットは何かというところから考えていく。舞台をつくったり、演出をしたりもするので舞台に向いているストーリーだなと思ったりするものもある。だんだん多様化していくとつくり方がわかりづらい時代でもあるが、その都度、物語を重要視していれば、自ずと他のことは見えてくる。それが映画で大きなスクリーンで観る物語なのか、意外と手元で観たほうが届く作品なのか、そういうことを基準にしてつくっている。

沖縄上映会

「映文連アワード2015」受賞作品の地方上映会は、大阪と札幌、沖縄で実施した。

沖縄上映会は、二月一三日に那覇市おもろまちにある沖縄県立博物館・美術館の博物館講座室で開催した。これまで毎年、塚田会長や住田・高橋副会長など連盟関係者が沖縄入りして挨拶をしてきたが、この年は事務局長の私が沖縄入りした。グスクをイメージした外観の沖縄県立博物館・美術館は、二〇〇七年に開館した建物で、内部は白一色に統一され、モダンなデザインだ。上映会場となる講座室は、沖縄の自然・歴史・文化を展示する博物館の入り口近くにあった。

今回は、人間国宝である平良敏子さんの技術を克明に記録した『芭蕉布――平良敏子のわざ』が最優秀作品賞を受賞しており、製作したシネマ沖縄の作品関係者や地元の映像制作関係者、新聞記事を見た人、博物館でチラシを見た人など約六〇名が参加した。初めに主催者を代表して私が挨拶し、謝名元監督による作品解説の後、第一部では『芭蕉布』など七作品、第二部では八作品を上映した。

映画館とは違い、やや小さいスクリーンでの上映であったが、「伝統を守り伝えるべく日々研鑽する人々に感銘した」「職人の技術の高さに驚き、科学技術の進歩にビックリといった映像の力を見せてもらい学んだ」など、上映作品を理解したコメントが寄せられた。シネマ沖縄の末吉真也社長や社員の皆さんには、チラシや会場準備や受付、作品上映まで上映会の開催を支えてもらい感謝に堪えない。上映会の翌日は、折角の機会なので私費で一泊延長し、シネマ沖縄の吉田尚子さんと知念幸子さんに沖縄本島南部のひめゆり平和祈念資料館や平和祈念公園、久高島が望める斎場御嶽などを案内してもらい、沖縄の歴史や文化の一端に触れて帰途に着いた。

Column 2

上映プログラムを組む

「映文連アワード」受賞作品は、九月中旬の「大安の日」に公表することが多い。それから約二ヶ月かけて、一一月下旬に開催する東京での受賞作品上映会に向けて上映プログラムを組んでいく。

映文連アワードの運営を担ってきた私は、事務局長でありながら、映像祭のプログラミング・ディレクターのような立場にあり、上映プログラムを組んできた。一次・二次審査を通じて全応募作品を見ており、熟知した上で受賞作品からセレクトして構成する。三部門の受賞作品にはそれぞれ特色があり、おおよその括りが決まるところもあれば、その年のテーマや傾向を強く打ち出すパートもある。

わざわざ会場に足を運んでもらうのだから、観たい作品がある、会いたい人（監督や出演者）に出会えるプログラムを組むことが大切である。受賞結果からのプログラミングなので大きな冒険はできないが、ある種の特色は打ち出せる。

東京上映会は通常二日間、各プログラムを二時間程度で構成し、六〜七プログラムを組む。映文連アワードの受賞作品の特色から、ソーシャル・コミュニケーション部門には、「文化工芸記録」「建物保存等の記録」「ドキュメンタリー」「自然・環境」「戦争・震災の記憶」などがあり、おおよそテーマが決まってくる。このプログラムには時事性や人、歴史や文化芸術的な関心から来場される方が多いように思う。

コーポレート・コミュニケーション部門は、この一年間の優れた企業映像が選ばれているので、一括りで鑑賞してもらうことが多い。海外企業映像祭の受賞作品を紹介するInternational Corporate Film Showingと連動した上映でもあり、仕事の参考のために国内外の最新の企業映像を観たいと来場する制作会社の関係者などが多い。

パーソナル・コミュニケーション部門は、若手クリエイターの作品をまとめて上映し、その年の傾向を打ち出すことが多い。このプログラムは、若手監督の作品に興味のある方や受賞関係者がスタッフ、友人・家族を同伴してくる場合が多い。

上映会それぞれの日に、受賞作品の監督やプロデューサーに登壇してもらい、作品制作に纏わる話を聞く「トークセッション」を組む。ここにもその年の傾向が出る。

日程は助成金をもらう制約から表彰式からの連続開催となり、平日の開催が多い。ただ、仕事関係者にとっては、むしろ平日開催の方が来場しやすいのではないかとも感じている。

短編映像は、視聴対象が明確でテーマがあるせいか、生真面目で、エンターテイメント性に乏しく、時には重く感じる場合もある。エンタメやおもしろさや軽さが好まれる昨今にあって、短編映像が多くの方々を惹きつけることは簡単ではないが、参加者が集まり、盛り上がりを見せた上映会もある。二〇一八年、審査員特別賞を受賞した『噂の玉川奈々福——キネマ更紗』の上映には、浪曲師・玉川奈々福さんと曲師・沢村豊子さん、田島空監督が登壇し、ファンが作品を見たい、ゲストの話を聞きたいと思って多くの方々が足を運んでくれた。映像関係者だけでなく、一般の人や登場人物のファンなどに刺さった時、想定以上の結果が出現するのだ。

ネットで多くの映像が見られる時代ではあるが、この上映会でしか観ることができない作品を上映するとか、特別なゲストを招くとか、何か新機軸を打ち出し、人々を惹きつけるプログラムを組むことが肝要なのだと実感させられる。

第四章

「映文連アワード」の歩み III

成熟期

2016–2019

第一〇回「映文連アワード2016」

〝創造力は、永遠の航海である。〟

二〇一六年秋、総務省は、テレビ番組をインターネットでも同時に配信する「ネット同時配信」を二〇一九年にも全面解禁する方針を決めた。前年より在京民放五社によるネット番組配信サービス「TVer」が始まっており、先行する海外勢への巻き返しをはかる必要があったのだ。ネットの次の潮流として「動画」が注目され始めていた。

映像コンテンツは、視聴者ニーズに対応して多様化し、細分化して、その形態も変わろうとしており、変貌しつつあるメディア状況は、短編業界の映像制作環境をも変化させようとしていた。こうした状況の変化に対応していくことを求められた。

二〇一六（平成二八）年、映文連アワードは一〇周年を迎えた。

その「映文連アワード２０１６」のコンセプトは「大航海」、キャッチコピーは〝創造力は、永遠の航海である。〟、ポスターデザインは、真っ青な海原に浮かぶ船の群れを折り鶴で表現した。メディア環境が急速に変化して、多様化し、細分化する映像コンテンツ。その大海原へ向かって漕ぎ出す、短編映像の製作者たちの新しい旅立ちを「映文連アワード」は応援していきたいと考えた。

コピーは上田哲郎さん。アートディレクションは、若手クリエイターの島峰藍さんにお願いした。折り鶴の文様は「国際信号旗」をもとにしており、これは船舶の通信のために世界共通で使われ、言語の違いなどに関わりなく、意思疎通をはかるために予めよく使う文例を国際的に統一したもので、アルファベットの文字旗や数字など四〇枚がある。この信号旗をデザイン化して船の群れを表現した。

一〇周年を迎えるこの年は、映文連アワード一〇年の歩みを振り返り、受賞作品の回顧上映や次世代につながるさまざまな特別企画を実施していくことになった。いつもの一・五倍ほどのエネルギーを必要としたが、関係者一同、一〇周年を盛り立てていこうという意気込みがあった。「映文連アワード２０１６」は、四月一日より募集を開始し、締め切りまでに三部門で過去最高となる一六九本の作品応募があった。

一次審査の結果、三部門合わせて八四作品が審査を通過した。二次審査は部門ごとに分かれ、前年の審査委員に加えて、ソーシャル・コミュニケーション部門に井手洋子氏（映画監督）、パーソナル・コミュニケーション部門に荒木美也子氏（アスミック・エース映画製作部プロデューサー）が新たに参加し、外部審査委員一一名で受賞作品を決定した。

最優秀作品賞（グランプリ）は、『長崎新聞配達ルート データMAP化プロジェクト「The Way」』（製作：DFCマネージメントオフィス／クライアント：長崎新聞社）が受賞した。長い海岸線や離島があり、日本で最も複雑な交通網を抱える長崎県の地方紙、長崎新聞。この映像は総勢二〇〇〇名を超す全ての配達員にGPS受信機を配布し、配達ルートを視覚化した。刷り上がった新聞がトラックに載せられ、島には船や飛行機で運ばれ、配達員が一軒一軒に届けていく様子が、朝の清々しい風景とともに綴られる。一二五年の歴史ある新聞社が新しい手法に挑戦し、新聞の原点ともいうべき「人が人に直接届ける」ことの大切さを改めて認識させ、地方新聞の役割と価値を示す映像として評価された。

文部科学大臣賞には、『眠れない夜の月』（製作：太陽企画、エクスプローラーズ・ジャパン）、経済産業大臣賞には、『ミツカンミュージアム 水のシアター』（製作：電通テック／クライアント：Mizkan Holdings）が選ばれたほか、優秀作品賞（準グランプリ）、部門優秀賞、優秀企画賞など三〇作品が受賞した。

初のi賞（個人賞）に八代健志氏

映文連アワード一〇周年を記念して、映像コンテンツの新たな可能性を感じさせるクリエイターを称える個人賞「i賞」が塚田会長の発案により新設された。「i」とは、イノベーション、イマジネーション、インディペンデントの「i」であり、斬新な切り口や表現方法によって、これまでの短編映像の概念を超えた新しい世界観を創り上げたクリエイター＝個人の試みを称えて授与される賞である。第一回の受賞者として、人形を用いたストップモーションアニメーション作品で独自の世界観を創り上げた、文部科学大臣賞受賞『眠れない夜の月』の監督・八代健志氏に贈られることになった。

初の「i賞」受賞の八代健志氏

八代氏は秋田県生まれで、一九九三年東京藝術大学卒業後、太陽企画株式会社に入社した。主にTV-CMディレクターとして活動するかたわら、独自にストップモーションアニメーションの研究・実験を重ね、TV-CMやWebムービーなどにさまざまな手法のアニメーションを採り入れてきた。二〇一二年頃から

『眠れない夜の月』（©TAIYO KIKAKU Co., Ltd.）

本格的に人形アニメーションの制作を開始する。

八代氏が映文連アワードに初めて応募して受賞したのは、二〇一三年の『薪とカンタとじいじいと。』（製作：太陽企画／クライアント：東邦ガス）である。続く二〇一四年の『ノーマン・ザ・スノーマン――北の国のオーロラ』（製作：太陽企画、エクスプローラーズ・ジャパン）で部門優秀賞を受賞した。そして二〇一六年の今回、『眠れない夜の月』で文部科学大臣賞受賞となる。

『眠れない夜の月』は、八代氏が人形を用いたストップモーションアニメーション（コマ撮り）作品をつくって四作目であるが、森の中で父母と暮らす少年が、ある日〝リス〟の姿をした月の番人に一緒に月を外しに行ってほしいと頼まれ、夜の森へ冒険の旅に出るというファンタジックな物語のプラネタリウム映像だ。一年半の時間を費やしたアニメ制作は、人形や背景の造形が圧倒的に素晴らしく、本物の木や土を用いる美術へのこだわりが見られた。木の質感を活かした人形は、素朴でぬくもりがあり、大変個性的であった。CGで簡単にアニメーションをつくることができる時代に、あえて根気のいる一コマずつ動かすストップモーションアニメーション制作に妥協せず取り組み、オリジナリティ（作家性）のある作品を創り上げるクリエイティビティが高く評価され、個人賞でもある「ｉ賞」受賞となった。

この一〇年 一〇のまなざし ～Ten years, ten views～

二〇〇七年にスタートした「映文連アワード」は一〇周年を迎え、記念事業を行った。この一〇年を回顧し、受賞した短編作品を多くの方々に鑑賞してもらおうと、一一月二二・二三日の二日間にわたり、渋谷・ユーロライブとＩＭＡＧＩＣＡ第一試写室で入場無料の特別上映会「この一〇年 一〇のまなざし ～Ten years, ten views～」を開催した。

この一〇年はどんな時代だったのか。アワードの作品は、何を語り、何を伝えようとしたのか。そのメッセージは届いたのか。映文連アワードの一〇年を振り返りながら、技術の進化を超えた短編の可能性をみつめ、次代に繋ぐ節目としたいと考えた。

「一〇のまなざし」とは、あれこれ考えて、Life（生命）、Ecology（生態）、Science（科学）、

Development（開発）、Culture（文化）、Crisis（危機）、Others（他者）、Freedom（自由）、Peace（平和）、Challenge（挑戦）とし、一〇プログラムで三三作品上映した。

その他に公式パンフレット『映文連アワード2016特集号』で記念座談会「映像コンテンツ〝大航海〟――映文連アワードの一〇年、そして来るべき一〇年を巡って」を組み、白土謙二、恩田泰子、安藤紘平各氏と住田副会長が出席し、モデレーターは塚田会長が務め、展望を語り合った。

また一〇周年を記念して、ポスターデザインより折り鶴をデザインした缶バッチ一〇種類を作成し、限定販売した。販売期間が限られ、多くは行き渡らなかったが、とても可愛い缶バッチであった。

「映文連アワード2016」表彰式は、一一月二一日一三時半より国立新美術館講堂において、受賞者や関係者、会員や一般の方々など一七九名が出席して開催された。上位受賞作品の上映後、一六時半からは、会場近くのレストランで受賞者を囲む懇親パーティーを催した。

二二・二三日の特別上映会に続き、二四・二五日には、渋谷・ユーロライブで「映文連アワード2016」受賞作品上映会を開催し、受賞三〇作品を部門ごとに五つのプログラムに分けて公開上映した。また、関連イベントとして二つのトークセッションを催した。

トークセッションⅠでは、「若手監督、それぞれの表現手法」と題して六人の監督を招き、モデレーターを永田琴氏が務め、映像表現の上で大切にしていることなどを聞いた。

トークセッションⅡでは、Ｗｅｂ環境が整い、自治体などで映像発信して観光客を呼び込もうとする動きが盛んになる中で「地域発プロモーション映像の可能性」と題して、各地で制作されたプロモーション映像の受賞者である、秋山裕太（『長崎新聞配達ルートデータMAP化プロジェクト「The Way」』ＤＥＣマネージメントオフィスＣＤ）、藤原次郎（『豊岡絵巻』プロデューサー・監督・撮影）、中村貴一朗（『GUNKANJIMA――Traveler in Time』ソニーＰＣＬディレクター）各氏をゲストに迎えて、モデレーターを二次審査員の草川衛氏が務め、話を聞いた。「普通だったら出会わなかった人と土地が映像の力によって繋がるきっかけになる」「まだ「インバウンド」という言葉もなかった五年前、『城崎スケッチ』をつくり、祭りを入れた。YouTubeで流すと、この祭りを見たいと外国から来た。それからは倍、倍に海外からの観光客が増えた」「島の

10周年記念缶バッチ

魅力をネットで伝えてまず観光に一回来てもらい、地域の人と繋がってファンになってもらうと、リピートしてくれる、そういうフォローの仕方がいいのではないか」など、それぞれ示唆に富んだ発言が得られ、内容のあるセッションとなった。

第一一回「映文連アワード2017」

〝EUREKA（われ、発見せり。）〟

予想もしなかった出来事が起こる世の中である。イギリスのEU離脱、メディアを敵にまわしながらTwitterで過激な発言を続けるアメリカ合衆国大統領の誕生など、事実や真実よりも感情的な訴えかけが人々の共感を呼び、世論形成に影響を与える状況が起きる。

世界経済は低成長のまま、ますます複雑化する社会や、所得格差の広がりがもたらす不信と分断など、今やインターネットで情報を得る人々が増え、感情的に共感しやすいものだけに接する傾向がある中で、我々はどこへ向かおうとしているのだろうか。改めて問い直し、膨大な情報の根底にある問題を読み解く力がますます必要になってくるのではないかと思われた。

「映文連アワード2017」のコンセプト・キャッチコピーは、〝EUREKA（われ、発見せり。）〟とした。ポスターは、深海を行く潜水艇のような物体をデザインしたものになった。物体のまなざしは青白く光っている。果たして、何かを「発見」することは出来るのだろうか。

この年は、五月末の締め切りまでに一二二本の作品応募があり、三部門合わせて六七作品が一次審査を通過した。二次審査は、コーポレート・コミュニケーション部門に澤本嘉光氏（電通CDC エグゼクティブ・クリエーティブ・ディレクター／CMプランナー）、パーソナル・コミュニケーション部門に井手陽子氏（アスミック・エース映画製作部 プロデューサー）を新たに迎え、一〇名の外部審査委員で審査に当たった。

作品試写用には、これまで二八インチのモニターを使用してきたが、新しく五五インチの4K高画質モニターを購入し、視聴環境を整えたため、一挙に鑑賞しやすくなった。

最優秀作品賞（グランプリ）は、誕生から六〇年を迎えた純国産乗用車クラウンの初代から七代目までの車をレストア（復元）し、公道四三〇キロの走破を目指す取り組みを描いた『DISCOVER CROWN SPIRIT PROJECT』（製作：東北新社／クライアント：トヨタマーケティングジャパン）が受賞した。文部科学大臣賞には、『Time Trip 日本の海岸線――伊能忠敬の軌跡』（製作：フジテレビジョン）、経済産業大臣賞には、『パナソニック ミラノサローネ2017インスタレーション Electronics Meets Crafts:』（製作：モンタージュ／クライアント：パナソニック）を選び、優秀作品賞（準グランプリ）、部門優秀賞、審査員特別賞、優秀企画賞、企画特別賞など三一作品が受賞、i賞（個人賞）一名が選ばれた。

出産をテーマにアニメーション

二人目のi賞（個人賞）は、出産というテーマを、ユーモアを交えながら多彩なアニメーション手法によって表現した『Birth――おどるいのち』を企画・制作した若見ありさ氏に贈られた。

若見ありささんは、岐阜県立国際情報科学芸術アカデミー（現・情報科学芸術大学院大学）を卒業後、主に子ども向け教育番組のアニメーションを制作するかたわら、個人でアニメーション作品を制作してきたが、自分自身の出産体験をベースに『Birth』を制作した。

若見さんの最初の応募作品は、二〇一六年に部門優秀賞を受賞した『Birth――つむぐいのち』（製作：若見ありさほか）である。「生む」をテーマに妊婦の視点から描いた三つのオムニバスのアニメーションで、若見さんは全体をプロデュースしていた。三作品はそれぞれタッチが違うが、出産が生々しさから解放され、感動的なものに思えるようなアニメーション作品が誕生したことを評価された。

今回受賞となった「Birth」シリーズの第二弾『Birth――おどるいのち』は、三人のクリエイター（大橋弘典、池田爆発郎、若見ありさ）がそれぞれの表現手法で描き、コミカルで楽しい物語となっている。若見さんが監督した第三話は、娘の視点で語るお母さんの妊娠・出産であるが、母の妊娠から弟の誕生までを少女の素直な言葉でいきいきと語り、パステル風の明るいタッチのアニメが時に弾け、何とも温かい気持ちで観ることができる映像となっていた。

アニメーションを制作する若見ありさ氏（©CHILD POKKE）

若見さんのアニメーションは、グラス・オン・ペイントという手法で描かれる。下にライトボックスがあり、ガラス台の上に絵を描いていくもので、ガラスに次のコマを描いて、前の絵を消していくという独特な方法である。砂絵アニメーションもそうだが、描いたものは、基本的には残らない。描いて、撮影して、また次のコマを描いて、撮影しての繰り返しであり、気の遠くなるような作業である。たまには失敗もあるが、最後にプレビューしてみないとわからない。思い切りの良い大胆な手法でどんどん繋がっていく。

若見さんは、その後も出産や育児をテーマに親子でも楽しめる作品作りを目指して、「Birth」シリーズを作り続けている。

「映文連アワード2017」は、一一月二七日一三時半より国立新美術館講堂で受賞者やその関係者など一八〇人が出席して表彰式を行い、翌二八・二九日には渋谷・ユーロライブで受賞作品上映会を開催し、受賞三一作品を五つのプログラムに分けて公開上映したが、この年は、アニメーションの特別上映会も企画した。

アニメーション特別上映会「大藤信郎を継ぐもの」

一一月三〇日には、国産アニメ一〇〇年を記念した特別上映会「大藤信郎を継ぐもの――日本の短編アニメーション その歩みと今」を渋谷・ユーロライブで開催した。

日本アニメーションの先駆者ともいえる大藤信郎が一九六一年に亡くなり、遺族の意志が反映されて、翌六二年に毎日映画コンクールに「大藤信郎賞」が設けられた。この賞は個性的で芸術的な価値のあるアニメーションに贈られ、今日まで世界的にも活躍するアニメーション作家を輩出している。同賞は、大藤信郎氏の姉の八重さんが連盟に『くじら』と『幽霊船』の権利とともに預けられた基金をもとにしており、映文連との関係が深かった経緯もある。

特別上映会は、大藤信郎の代表作と歴代の「大藤賞」受賞作を中心に五プログラムに分けて二一作品を上映し、日本の短編アニメーションを概観する構成とした。

第一部では『こがねの花』『くじら』『幽霊船』の三作品を上映した。『くじら』『幽霊船』は二〇一二年に東京国立近代美術館フィルムセンターの要請で初期のカラーフィルムからデジタル復元されたバージョンを上映に使用し、作品についての解説は私自身が行った。

「大藤信郎を継ぐもの」フライヤー

第二部は「大藤賞 第一世代の作家たち 一九六〇～七〇年代」とした。大藤信郎賞がスタートした頃は「見る」アニメから「つくる」アニメへ、観客の意識革命を目指した運動が展開された時代であった。手塚治虫『ある街角の物語』（一九六二）、和田誠『殺人MURDER!』（一九六四）、久里洋二『二匹のサンマ』（一九六七）、岡本忠成とその製作スタッフ『ホーム・マイホーム』（一九七〇）、河野秋和・中村武雄『てんまのとらやん』（一九七一）、川本喜八郎『鬼』（一九七二）を上映し、一九六〇〜七〇年代のアニメを振り返った。

第三部「大藤賞 第二世代の作家たち」のゲストトークには、『スピード』（一九八〇）を監督した古川タク氏と『水の精・河童百図』（一九九八）を監督した島村達雄氏（白組）が登壇した。デジタル化が始まりCGなどに熾烈な技術革新が行われた一九八〇〜九〇年代は、制作プロダクション・白組が制作したアニメの隆盛期とも重なり、特撮関係のそろったスタジオでのちに活躍する若手たちがさまざまな試みに挑戦し、技術の粋を集めた作品が数多く制作された時代でもあった。二人のトークからは、知り得なかった制作のエピソードが披露され、大いに盛り上がった。

第四部「世界と日本のアニメーター競作」では、『老人と海』（一九九九）の日本語字幕を担当し、『冬の日』（二〇〇三）のメイキングを演出した和田敏克氏（東京造形大学准教授）に作品の成り立ちをたっぷりと解説してもらった。川本喜八郎氏は芭蕉七部集「冬の日」の連句をアニメーション化することを企画し、日本と世界の三六人のアニメ作家が競作して、それぞれの手法で繋いで『冬の日』が完成したが、その作品理解の手助けとなる制作背景などを語ってもらった。

第五部「二〇〇〇年代以降のアニメーション」のトークセッションには、古川タク、小野ハナ(『澱みの騒ぎ』)、折笠良(『水準原点』)、八代健志各氏が登壇し、司会は和田敏克氏が務め、作品制作の動機やこれからの抱負などを語ってもらった。それぞれ制作動機は違うものの、小野・折笠・八代の三人とも偶然にも東京藝術大学出身であった。

アニメ特別上映会は来場者数が思ったほど伸びず、やや残念であったが、「良い企画だった」「第二世代のトーク、非常におもしろかった」「一日があっという間だった。年代順に朝から見て「時代」を感じた」などの感想が寄せられ、充実した上映会となった。

第一二回「映文連アワード2018」

クロッシング

スマートフォンによる動画視聴が一般的となり、多種多様な映像情報が洪水のように溢れ、放送業界も放送と通信の融合が進む中、国内外の動画配信サービスが次々に登場するなど、新しい映像体験の創出を模索する時代を迎えていた。

二〇一八年五月にはカンヌ国際映画祭で是枝裕和監督の『万引き家族』が最高賞のパルムドール賞を受賞した。日本映画のパルムドールは今村昌平監督の『うなぎ』以来二一年ぶりであった。一二月から鮮明な「新4K／8K衛星放送」が始まる一方で、一五秒の動画を共有できるアプリ「TikTok」が若者の人気を集めるなど、さまざまな映像が溢れていた。

こうした状況の中で、「映文連アワード2018」のコンセプトとして「クロッシング（交差・横断）」を掲げた。塚田会長の発案である。

変貌しつつある映像コンテンツ業界の中で、短編作品を単に個々の中に留まることなく、「テーマ」「アイデア」「技法」などを自由に横断・交差させて、「もっと深く」考え、「もっと広く」視野を広げ、「もっと自由に」楽しませる、新たな映像コミュニケーション・サービスの創出を目指し、映像コンテンツ製作者のビジネスフィールドをさらに広げていきたいと考えたからである。

キャッチコピーは〝光の川を泳ぐ。時代を渡る。夢と夢を結ぶ。〟である。二〇一八年のポスターデザインは、虹色に輝く、光の川を泳ぐ〝錦鯉〟だ。アートディレクションは島峰藍さんで、二〇一六年に続き、再度登場してもらった。

鯉の鱗は美しい花で被われている。花々は「希望」や「未来」を表している。翌二〇一九年は、「平成」という時代も終わり、新しい時代を迎える。鯉は、映像の世界を泳ぎまわる製作者（作家）や作品でもある。映像に関わる人々に「夢と夢」を結び、感動のある「物語」を紡ぎ出してほしい。一二年目を迎える映文連アワードは、多岐にわたるテーマを「クロッシング」しながら、感動を生む「物語」を創り出す映像製作者たちを応援していきたいと願った。

「映文連アワード2018」は三部門で前年を大きく上回る一六二本の作品応募があった。

ポスターのデザイン力が大きかっただけではなく、下準備や読みの勝利ともいえる結果であった。Facebookのリーチ数は前年より多く、順調な滑り出しであったが、これだけではない。二月には映像系の大学に『特集号』と事前予告を送って周知したり、遠方の大阪芸術大学などを訪問したりと、できる範囲で細かくフォローしたのである。

一次審査は、三部門合わせて六八作品が通過した。二次審査は、コーポレート・コミュニケーション部門に三井明子氏（アサツーディ・ケイ クリエイティブ・ディレクター、コピーライター）と清水亮司氏（ロボット クリエイティブフェロー）、ソーシャル・コミュニケーション部門に中山治美氏（映画ジャーナリスト）と松本貴子氏（映画監督）、パーソナル・コミュニケーション部門に山本透氏（映画監督）を新たに審査委員に委嘱し、一二名の外部審査委員により審査を進めた。

最優秀作品賞（グランプリ）を始め、文部科学大臣賞に『ニジェール物語』（製作：チーム谷四）、経済産業大臣賞に『MEET MR. MATSUSHITA』（製作：モンタージュ／クライアント：パナソニック）が選ばれたほか、優秀作品賞（準グランプリ）、部門優秀賞、審査員特別賞、優秀企画賞、優秀技術賞など、三一作品が受賞し、「:i賞（個人賞）」には『MEET MR.

MATSUSHITA』で前年に続き、経済産業大臣賞を受賞した落合正夫氏が繊細かつダイナミックな映像の演出力を評価されて受賞した。

高精細8Kによる新たな生命科学映画

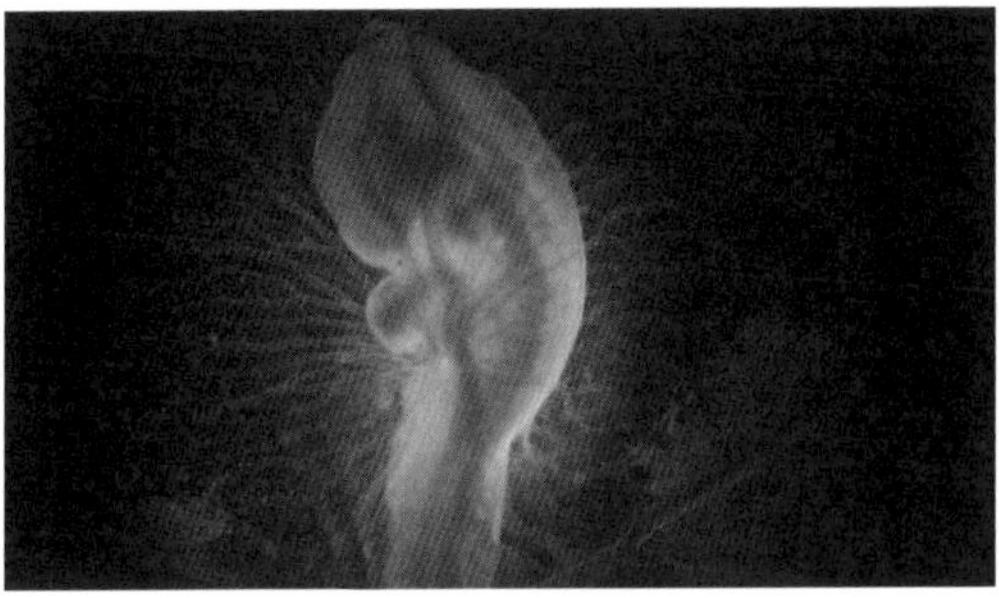
『からだの中の宇宙――高精細映像が解き明かす』

最優秀作品賞は、『からだの中の宇宙――高精細映像が解き明かす』（製作：ヨネ・プロダクション）が受賞した。この作品は、生命誕生の瞬間に顕微鏡が映し出す細胞の変化を、最新の技術である8K／4Kで記録した高精細映像である。小さな細胞たちが組織化し、臓器を構成していく様子を科学者たちが見つめ、語り合う。副音声方式による三人の専門家のトークは、ライブ感があって、生命誕生の場に立ち会うかのような臨場感を生んでいる。『生命の誕生』の浅香時夫氏が制作総指揮を執り、ヨネ・プロダクションならではの顕微鏡撮影の確かさと高精細映像技術とが見事に結合した映像である。

ヨネ・プロダクションは、一九五八年、国内外の映画祭で数々の賞に輝いた『ミクロの世界』を制作した主要スタッフが一九六七年、小林米作を代表取締役として創設した科学映画の老舗プロダクションである。本作の制作総指揮を務めた浅香時夫氏もそれに参加し、九〇歳を超える今も顕微鏡撮影用の生物試料をつくり続けている。今回も細胞を生かしながら長時間の撮影を可能にする技術を活かし、鶏卵の発生を軸に胚が成長していく様子を8K映像で収録し、画期的なものとなっている。従来の科学映画に拘泥せず、8Kという最新技術を用いた上で、企業PR映像を手がけてきた戸谷剛紀氏に演出を依頼し、専門家に映像を見せてリアクションを副音声で入れるという、わかりやすい映像に仕立てたことで若い人にも理解してもらえるような高精細で美しい映像となったことが評価された。

「映文連アワード2018」表彰式は、一一月二六日一三時半から国立新美術館講堂で、アワード受賞者やその関係者、招待者など一九六名が出席して開催され、一七時からは六本木のセダー・ザ・チョップハウス&バーにおいて受賞者を囲む懇親パーティーを催した。翌二七・二八日には渋谷・ユーロライブで受賞作品上映会を開催し、受賞三一作品を六つのプログラム「次世代のクリエイターたち」「ミクロコスモスから、マクロコスモスへ」「コーポレート映像の今」「語り継ぐものがたり」「今を生きる——三人の女性たちの挑戦」

「日本の伝統と技」に分けて公開上映した。このうち、この年らしい企画は「今を生きる――三人の女性たちの挑戦」である。優秀作品賞を受賞した、インド映画界の最前線で活躍する唯一の日本人女性撮影監督である中原圭子さんを追ったドキュメンタリー番組『ノンフィクションW カメラを持ったミューズ――インド映画撮影監督・中原圭子』、香港の民主化運動の中で活動した一七歳の少女・周庭（アグネス・チョウ）に三年間密着したドキュメンタリー番組『巨大中国と戦う〝民主の女神〟――香港オタク少女の青春日記（未来世紀ジパング特別編）』、審査員特別賞を受賞した田島空監督の『噂の玉川奈々福――キネマ更紗』と、伸びやかに生きる女性たちを描いた三作品の上映を組んだ。ゲストトークには『噂の玉川奈々福』の出演者と監督を迎え、制作の背景などを語ってもらった。

玉川奈々福さん、上映会トークに登場

このプログラム「今を生きる――三人の女性たちの挑戦」では、三作品上映の後「日本の芸能 浪曲の世界を描く」と題して、審査員特別賞を受賞した『噂の玉川奈々福』の出演者玉川奈々福氏（浪曲師）、沢村豊子氏（曲師）、田島空監督に登壇してもらい、ゲストトークを開催した。

聞き手は、二次審査委員の谷川建司氏にお願いした。人気浪曲師の玉川奈々福さんがゲ

ストとあって、ファンの方はもとより関心のある多数の人が来場した。

受賞作は、今もっとも牽引力のある浪曲師玉川奈々福さんを中心に、相三味線の曲師沢村豊子さんとの絆や、弟子との道行などを約三年間かけて追い、その活動を通じて浪曲という芸能の魅力に迫るものだ。向島の料亭で開かれた独演会で奈々福さんと出会い、映像記録を何も撮っていないことを知った田島監督が「私が撮りましょうか」と申し出て始まったという記録撮影である。六〇分のドキュメンタリー作品には、浪曲の世界の舞台裏、奈々福さんや豊子さんのありのままの姿が描かれている。

浪曲の世界において、浪曲師と曲師の関係はジャズのセッションのようだともいわれる。奈々福さんは、曲師沢村豊子さんとの関係を「こちらの描こうとする世界をお師匠さんはものすごく感じとってくれ、感じた世界が音になってかえってくる、浪曲師の語る世界を支えて、ぱっと豊かな美しい書き割りを描いてくれる。譜面がないので曲師の腕次第、想像以上のキラキラと美しい背景を描いてくれた」という。

その日の客層をみて、題目を突然変更することもあるという奈々福さん。時に当惑することもあるが、豊子さんは「いいですよ、何でもやってください」と応じる。豊子さんは「私の三味線を褒めてくれる人もいるけれど、音は自然と出てくる。自分の感じたものを弾いているだけで私自身はあまり上手いと思っていない。一七歳頃から国友忠《くにともただし》師匠についてスタジオで弾いてきたことが役に立っていると思う」と謙虚に語る。浪曲を聴いて目が離せなくなってしまい、撮り続けた田島監督は「奈々福さんの浪曲は一度聴くと爽快で元気になる。それを豊子さんのすごく美しく細やかな音色が支えている」という。伝統芸能を継ぐ若いお弟子さんたちが入ってきている浪曲の世界をこれからも撮り続けたいそうだ。

ゲストトークの最後には、玉川奈々福さんから田島監督に感謝を込めて花束の贈呈があり、笑いあり、涙あり、楽しく感動に満ちた四〇分間は瞬く間に過ぎた。

トークは圧巻だった。奈々幅さんと組んでいる曲師の沢村豊子さんの存在が大きかった。天然キャラ、浮世離れしたこの三味線の名手はコントロールが効かない分、自然な気持ちの発露があって、感動的なトークをもたらしてくれた。谷川建司さんの名司会もあって会話は盛り上がり、観客の皆さんには大いに満足していただけたと思う。

中之島会館での初上映会

大阪上映会は、この年から北区中之島のフェスティバルタワーにある中之島会館で開催することになる。二月一日、その「映文連アワード2018受賞作品上映会 in 大阪」に出向いた。当日は、天候に恵まれ、土佐堀川に面したフェスティバルタワー・ウエスト四階にある会場には、受賞関係者や大阪の映像制作者など七〇名が参加した。

この年は、関西方面の受賞作が多く、文部科学大臣賞受賞の『ニジェール物語』（製作：チーム谷四）、準グランプリ受賞の『ノンフィクションWカメラを持ったミューズ』（製作：放送映画製作所／クライアント：WOWOW）、部門優秀賞の『くろよん その手に未来を』（製作：キャンディーフィルム／クライアント：関西電力）などが上映されたこともあって、多くの方々が来場された。

一〇作品を上映したが、来場者からは、「『ニジェール物語』は何度見てもいい」「『カメラを持ったミューズ――インド映画撮影監督・中原圭子』は見応えがあった」「『手技TEWAZAシリーズ』は心が洗われるような気がした」などの感想が寄せられ、新しく選んだ中之島会館は、画面も三〇〇インチあり鑑賞しやすく、会場選択は成功したと思った。

『ニジェール物語』原作のフクダヒデコさん、札幌上映会に登場

二月一六日には札幌市中央区狸小路にある札幌プラザ2・5で「映文連アワード2018受賞作品上映会 in 札幌」を開催した。冬の風物詩にもなっている札幌の雪まつりも終わった頃で、厳寒の時期にもかかわらず、暖かな日差しに恵まれ、会場には延べ一三〇名が集まった。第一部では、『ニジェール物語』を始め、『噂の玉川奈々福』『からだの中の

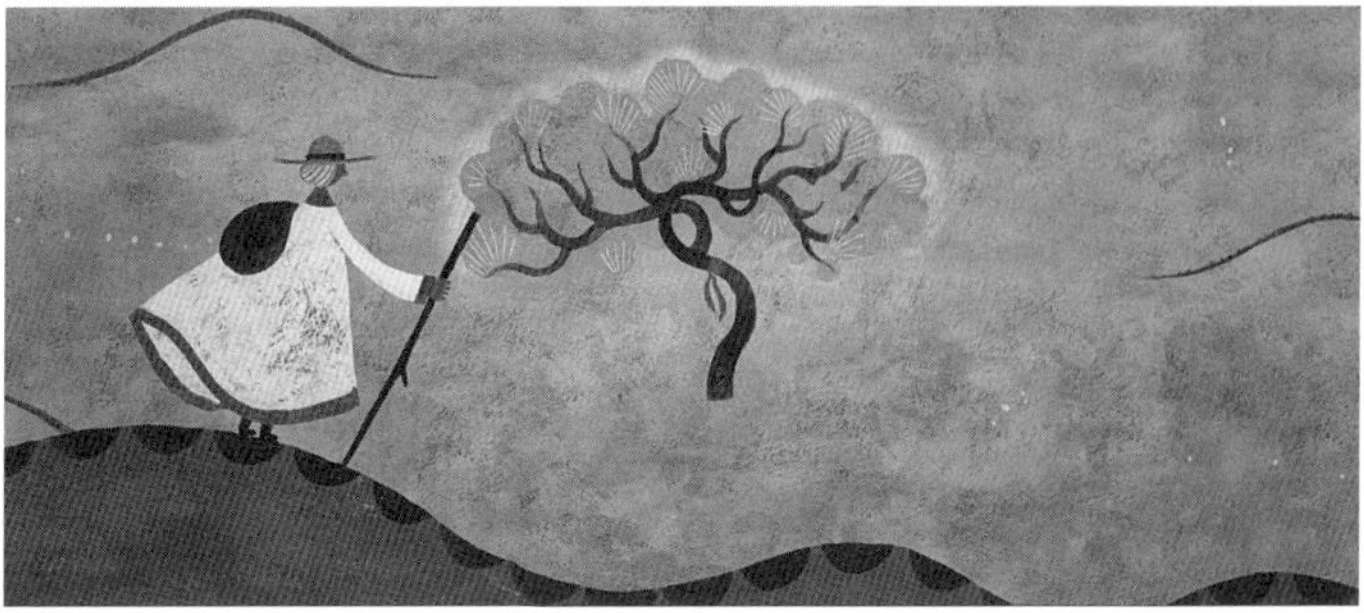

『ニジェール物語』©（一社）ニジェール物語製作委員会

宇宙』など五作品を上映した。札幌に来ていた『ニジェール物語』原作者のフクダヒデコさん（一般社団法人コモン・ニジェール代表理事）が飛入りで登壇してくれた。

文部科学大臣賞を受賞した『ニジェール物語』（製作：チーム谷四）は、西アフリカにある砂漠の国・ニジェール共和国に七年間暮らしたフクダさんの体験をもとに創作されたお話の絵本原画を使用したアニメーションである。イヌイマサノリ氏の原画は、色鮮やかで個性的な魅力に溢れ、その絵本が動くことによって世界観が大きく膨らみ美しく不思議な作品となっている。フクダさんは、「今日は観ていただくことができて本当に幸せです。最初は向田邦子さんに勧められて、それから長い年月が経ち世に出た作品ですけれども、絵本になり、朗読CDになり、Blu-ray化も予定されています。これからも作品はずっと旅をしていくと思いますが、よろしくお願いします」と挨拶された。

「これはおもしろいから残したほうがいい」と勧めてくれた向田さんが飛行機事故で急逝して四半世紀以上が過ぎ、ようやく日の目を見た作品であるが、七つの寓話は、時に難解な表現も含むが、幻想的で想像力を掻き立て、作り手が伝えようとしている物語への愛が感じられる作品である。

午後からの第二部では、『阿寒摩周国立公園　摩周――火山と森と湖と』、『MEET MR. MATUSHITA』など一〇本の受賞作品を上映したが、参加者からは、「多方面の作品を一度に観ることができて満足」「『ニジェール物語』の絵本を愛読していてアニメーション化されるのを心待ちにしていた。思っていた以上に素晴らしい出来で感激した」「全部が面白かったです。また来年も来ます」など、嬉しい感想が寄せられた。

第一三回「映文連アワード2019」

世界劇場×百花繚乱

二〇一九年四月、三〇年間続いた「平成」の時代が終わった。バブル崩壊に始まり、災害の頻発や高齢化の進行、格差も生まれた三〇年間だった。振り返ると感慨深いものがあるが、特にインターネットの急速な普及は生活を大きく変えた。人々はSNSを通じて思いを発信し、ネット上にはさまざまな「動画」が溢れた。

一三回目を迎えた「映文連アワード2019」のコンセプトは「世界劇場×百花繚乱」で、キャッチコピーは、〝世界はまわる。生命もまわる。希いがまわる。物語もまわる。〟とした。ポスターは「風車」をデザイン化し、滝の流れのような背景は、時代の流れでもあり、人の流れでもある。「動画」と呼ばれる映像コンテンツがネット上に溢れ、多様化し、複雑化していく映像の世界にあって、つくる側と観る側が互いに絶妙な関係性を保ちながら、斬新な世界像＝物語を共鳴させることによって、新たな付加価値を創り出していく映像製作者たちを映文連アワードは応援したいと考えた。

「映文連アワード２０１９」は、五月末までに三部門合わせて一二五本の応募があった。二〇一九年は、天皇退位と新元号による一〇日間の連休があり、告知日数の少なさなどから前年の応募数には届かなかったが、映像制作の方法も変化してきており、作品らしい映像を制作する環境が減りつつあるのも影響したのではないかと思われた。

一次審査は、三部門合わせて六六作品が通過した。二次審査は、パーソナル・コミュニケーション部門に塩田泰造（ＴＶ－ＣＭ・映像ディレクター／劇団「大人の麦茶」主宰）、立石勝（金魚事務所 ＶＦＸスーパーバイザー）を新たに審査委員に迎え、外部審査委員一一名と映文連側から二名が加わり、一次通過作品を審査した。

最優秀作品賞（グランプリ）を始め、文部科学大臣賞には、『礼文――日本最北の「遺跡の島」』（製作：北海道映像記録／クライアント：礼文町教育委員会）、経済産業大臣賞には、『粋な仕事――COOL, SMART, EXCITING, CREATIVE!!』（製作：揚羽／クライアント：安田不動産）が選ばれたほか、優秀作品賞（準グランプリ）、部門優秀賞、審査員特別賞、優秀企画賞など、二九作品が受賞した。

「ひと夏の群像劇」で〝粋〟を伝える

『新日本風土記――佃・月島』の獅子頭宮出しの一場面

最優秀作品賞（グランプリ）には、『新日本風土記――佃・月島』（製作：テレコムスタッフ、NHKエンタープライズ、NHK）が選ばれた。

東京湾に浮かぶ人工の島「佃・月島」。この界隈で三年に一度行われる祭りが住吉神社の例大祭である。祭りを取り仕切るのは、氏子衆、住吉講の世話人や若衆約三〇〇人だ。この祭りを楽しみにして、老いも若きもが汗をかき、例大祭に向けて準備をする。江戸時代に始まる「佃」の歴史を遡り、この町の移り変わりを伝えつつ、親子三代で祭りに臨む一家や引退する元漁師、老舗の魚問屋、佃に移り住んだ新参の一家など、あるがままの姿を映しながら、それぞれ個性豊かな住人の顔が見える、感動的な物語を紡ぎ出した。NHK新日本風土記シリーズは、全国各地に息づく文化風土やそこに暮らす人々の姿を描いており、その中でも今回の作品は三年に一度のお祭りにかける住人たちの生き様を通じて、日本文化や日本人の在り方を語りかけるかのような力感溢れるドキュメンタリーとなっていた。

この作品のトップカットは、タオルを肩にかけた股引姿の叔父さんの銭湯帰りのシーンから始まる。祭りの記録というより佃に住む人たちの人間模様を描こうとしたのだろう。ディレクターの伊勢朋矢さんは、「ひと夏の群像劇」の中で佃・月島の〝粋〟のようなものを伝えようとした。撮影のない時でもフラッと行って話を聞いたり、人間関係を築いていった。三世代に渡る家族や元漁師など、魅力的な人々の姿を紡いでいき、最後の「祭り」のシーンで最高潮に達する。男泣きもある、東京の下町の感動的な物語である。

実は伊勢朋矢さんも三代目で、祖父は、短編映画の世界では「つなぎ屋の長さん」ともいわれた編集の名手・伊勢長之助氏である。『佐久間ダム』『新しい製鉄所』『ミクロの世界』など編集を手がけた数多くの作品がある。また父親は、ドキュメンタリー監督の伊勢真一氏で、『奈緒ちゃん』『風のかたち』『えんとこの歌——寝たきり歌人・遠藤滋』など障害者や認知症、小児がんを追った優れたドキュメンタリー作品がある。いい意味で才能のバトンを引き継いだといえるかもしれない。

人生の選択をも左右する企業映像

経済産業大臣賞には『粋な仕事 COOL, SMART, EXCITING, CREATIVE!!』が選ばれた。これは、日本橋浜町の開発を手がけた不動産社員たちの仕事にスポットを当てた新卒採用説明会用のリクルート映像である。この開発プロジェクトは決して順調な道のりではなかったが、そこに立ち向かい、利益優先の開発ではなく、地域住民にとって望ましいまちづくりを行ってきた社員たちの仕事を〝粋〟な仕事として描いた映像である。インタビュー構成や撮影方法もよくデザイン化されており、新卒採用リクルート向けとして、企業の良い面を嫌味なく表現していると評価された。

演出の齊藤真弘監督は、これまでに企業映像を一二〇社四〇〇本手がけている若手である。予算が限られていたため、撮影はわずか三日しかなかった。こだわったのはインタビューだ。街中を歩きながら撮影することは難しいが、アングルや被写体の動きを計算し、いかに自然な絵を撮るかに心を注いだという。彼女たちは、実は齊藤監督の前作の新卒採用リクルート映像を見て、この会社に入社した人たちだった。志望動機に「映像」が左右する、それほどまでに大きな意味をもつこともあるのだと知る。だからこそ心して映像をつくっていかなくてはと思う。

齊藤監督は、この年『BE CREATIVE』(製作:ムーヴ・CREATIVE EGG/クライアント:東日本旅客鉄道)で部門優秀賞も受賞している。ステディカムを利用したという斬新なカメラワークやテンポの良い編集で普段利用しているJRの業務を新しい視点で見せてくれた。

表彰式は、一一月二五日一三時半より国立新美術館講堂で受賞者や関係者が出席して開催された。翌二六・二七日には、渋谷・ユーロライブで「映文連アワード受賞作品上映会」を開催し、受賞二九作品を六プログラムに分けて上映した。「〝東京〟を語る」「ひとに届くコーポレート映像」「短編の未来を語る」という三つのトークセッションを催した。

塚田芳夫氏に特別功労章

二日後の二九日、映文連にとっては喜ばしいセレモニーがあった。第六四回「映画の日」中央大会の式典がグランドプリンスホテル高輪にて開催され、会長の塚田芳夫氏に特別功労章が贈られたのだ。

塚田氏は、電通映画社に入社以降、数多くの広報・展示、博覧会、プロモーション等の映像企画、演出、プロデュースに携わり、優れた業績を残すとともに、製作指揮として手掛けた日加露合作 IMAX 映画『老人と海』は、第七二回米国アカデミー賞・短編アニメーション部門を受賞する。二〇〇三年映文連副会長に就任し、前述したように「映文連アワード」を創設し、プロフェッショナルの仕事にふさわしい作品を発掘・顕彰するとともに、次代を担う新しい才能の発掘に寄与する。映文連会長に就任以降、多くの映像関連団体の要職につき、わが国の映像文化の発展を支え、映画界に貢献したとして特別功労章を贈呈された。

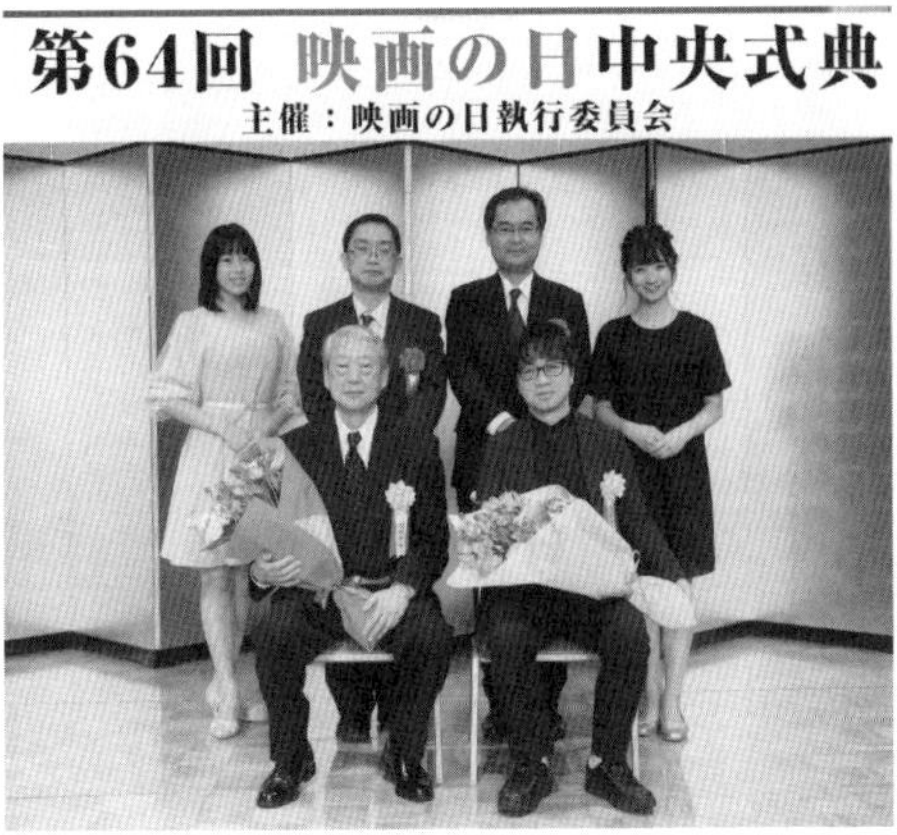

特別功労章を受章した塚田芳夫氏（前列左）と新海誠監督（©第64回「映画の日」執行委員会）

もう一人特別功労章を贈られたのは、『君の名は。』『天気の子』など話題作を次々に制作し、幅広い世代を熱狂させ、旋風を巻き起こしているアニメーション監督の新海誠氏であった。

文部科学大臣賞を受賞しての札幌上映会

一月二五日は沖縄で、二月は大阪と札幌で「映文連アワード２０１９」受賞作品上映会を開催した。

二月七日午後には、大阪市北区中之島にあ

る中之島会館で「映文連アワード2019受賞作品上映会 in 大阪」を開催し、一五作品を上映した。大阪で暮らす中華系の母と子を描き、パーソナル・コミュニケーション部門で部門優秀賞をした『夏の夜の花』を演出した高橋伸彰監督（中央戯劇学院）に挨拶してもらった。

二月一三日に札幌市西区宮の沢にある「ちえりあホール」で開催した「映文連アワード2019受賞作品上映会 in 札幌」では、文部科学大臣賞に選ばれた『礼文――日本最北の「遺跡の島」』（製作：北海道映像記録／クライアント：礼文町教育委員会）が上映された。新聞報道もあって、第一部には、この作品お目当ての観客約二〇〇名が訪れた。

『礼文』は、この年五月、国立科学博物館が縄文人女性の人骨の歯からDNAを取り出し全ゲノム（遺伝情報）の解析に成功しており、縄文人の顔が復元され、そのリアルさに目を奪われたが、この解析の大きな決め手となったのが、北海道・礼文島の船泊遺跡から発掘されたものだった。日本最北の遺跡の島・礼文島には、数多くの遺跡があり、考古学や人類学の研究においても貴重な島となっているが、その礼文島の遺跡群を、的確な構成と美しい映像で分かりやすく紹介した映像である。

ドローンによる空撮が効果的に用いられ、撮影・編集とも丁寧でクオリティの高い作品に仕上がっており、遺跡とその出土品から、四〇〇〇年前に海を渡って礼文島にやってきた縄文人の生活が見えてくる。彼らが高度な技術をもち、海を越えてダイナミックな交易を行い、独自の文化圏を形成していたということが推測され、縄文文化の豊かさを大いに感じさせる映像となっている。

午後からの第二部では、コーポレート・コミュニケーション部門の部門優秀賞『スズキ二輪レース 栄光の歴史――世界グランプリに賭けた男たち 研究三課の挑戦』を始め、『同級生』『答えは変えられる。』、BS12スペシャル『核の記憶――八九歳ジャーナリスト最後の問い』など七作品が上映され、「それぞれの思いが表現されていて素晴らしかった」「もっと作品が目に触れる場があればいいのに」など、好意的な感想が寄せられた。

受賞作品上映会は札幌上映会で全て終了したが、この二週間後には、新型コロナ感染拡大のため、イベントの自粛要請が出ている。運営するものとしては、本当にギリギリのところで上映会をやり抜けた感があった。

製作者の思いが溢れる表彰式

表彰式は、毎年一一月下旬に開催する。

会場は、当初の時事通信ホールから、二〇一二年以降、六本木の国立新美術館講堂に移ったが、コロナ禍以前は、年々受賞関係の出席者も華やかになり、盛大に開催される表彰式になった。

表彰式の当日、運営スタッフは午前一〇時から受付や舞台の準備、リハーサルなどをして入場に備える。一二時半頃から登壇者や関係者が入場し、一三時三〇分に表彰式は始まる。

オープニングに続き、映文連会長の主催者挨拶が行われる。後援する文部科学省と経済産業省の来賓挨拶に続き、「部門優秀賞」から始まる。二次審査委員のプレゼンターによって、コーポレート・コミュニケーション部門、ソーシャル・コミュニケーション部門、パーソナル・コミュニケーション部門の受賞者に賞状とトロフィーが授与され、講評が述べられる。

司会は、初回から二〇二〇年まで斉藤洋美さんにお願いしてきた。思わぬ出来事が発生することもあるが、彼女の機転の効く進行に助けられた。通常、登壇は一作品二名としている。プロデューサーとディレクター（監督）、クライアント、出演者など組み合わせはさまざまだが、製作者団体の映像祭なので一名は製作者に登壇してもらいたいと思っている。式典は二時間を予定しており、登壇者には、賞ごとに時間を指定し、短時間での受賞コメントをお願いしているが、話し始めると止まらない方もおられ、はらはらしながら進行を見守ることもある。

続いて「優秀企画賞」がアワード実行委員長より手渡され、「優秀技術賞」や「企画奨励賞」があれば続く。さらに「審査員特別賞」と「.i賞（個人賞）」が授与される。

大賞に移り、「優秀作品賞（準グランプリ）」が映文連会長により授与される。「文部科学大臣賞」「経済産業大臣賞」が文部科学省・経済産業省それぞれの来賓より授与され、最後にこの年の最も優れた作品に贈られる「最優秀作品賞（グランプリ）」の表彰となり、映文連会長により受賞者に賞状とトロフィーが授与される。

表彰式で最も尊いものは、何といっても受賞者のコメントである。

製作するのは在京の制作会社が多いが、クライアントは、遠く離れた北海道や東北、北陸、関西、九州、沖縄まで全国津々浦々に及ぶ。立場も企業の代表取締役や広報部長、教育委員会、地方自治体の担当者などさまざまで、寺の住職が登壇されたこともある。製作者側も、大手もあれば小さいプロダクションもあり、歴史ある会社もあれば新参の会社もあり、個人の映像作家もいる。これが「映文連アワード」の短編映像の世界である。

多彩な受賞者によって、作品の狙いや制作の苦労、スタッフへの感謝の気持ちなど、さまざまな思いが述べられる。極度に緊張され、言葉に詰まってしまう方、中には感きわまって涙する登壇者もおられる。

映像製作は単純なものではない。企画を通すにも製作資金を調達するにも苦労があり、受注作品ならばクライアントの意向と向き合いながらの実制作となる。多くのスタッフが関わり、よりクオリティーの高い作品をつくろうと思えば、時間もかかる。しかし、毎年、納得する映像作品がつくれるわけでもない。素晴らしい作品だと思ったら褒める、才能を見いだし背中を押してあげることが必要ではなかろうか。映像製作者たちにそんなハレの場を用意したいという思いから、私たちもこの表彰式に一年間をかけて準備しているともいえる。仰々しくはないが、シンプルな設えをした晴れやかな表彰式は、進行は大きく変えずとも、中身は毎年、毎年違う。次の年、どのような作品や才能に出会えるかを楽しみにして準備するのだ。

第五章

「映文連アワード」の歩みⅣ

転換期

2020–2022

第一四回「映文連アワード2020」

Dig（掘り起こす）

二〇二〇年二月下旬、現在に至るまで世界中に大きな影響を与える出来事が起こる。中国武漢で発生した新型コロナウイルスはあれよあれよという間に世界中に蔓延した。

映文連アワードは二月半ばに地方上映会を終え、次の年の準備を始めようとしているところだった。

三月二日の全国一斉の学校休校や、大規模イベントの自粛に始まり、四月七日には緊急事態宣言が出された。在宅ワークが推奨され、イベントや映画館へ行くことにも制限を受けるようになった。この頃、大きなイベントはことごとく中止や延期に追い込まれ、息をひそめるような状況が続いた。

映文連アワード表彰式や上映会は、例年一一月下旬の開催のため「映文連アワード二〇二〇」は予定通りスタートした。当時は時間がたてば収束も見えるだろうと楽観的だった。

この年のコンセプトは「Dig（掘り起こす）」。キャッチコピーは〝みらいをほる〟だ。

新型コロナウイルスが猛威を振い、感染防止のため、外出自粛要請が行われる中で在宅勤務する製作者やクリエイターが増えている。そんな中でも映像技術の進化は留まることなく、全てのものがネットに繋がる動画の常時接続が当たり前になる時代を迎えており、技術と表現方法とが融合した映像コンテンツを探し出す能力が求められている。新たな地平を〝Dig〟＝掘り起こし、さらに豊かな表現へと向かい、感動を生み出す「物語」を創り出す映像製作者たちを応援していきたいという思いが込められていた。

告知ポスターは、新型コロナウイルスを連想させるようなデザインは避けた。苦境にある「クリエイター頑張れ！」という気持を込めて明るいものになるように配慮した。

ポスターデザインは、鮮やかな山吹色をベースに〝imagine〟のタワーが聳え立つ。そこに集うのは、さまざまな職種の映像製作者たちだ。タワーの絵柄には、「EIBUNREN」の文字が隠されている。

コロナ禍で在宅勤務となる制作会社も多く、許可取りに時間を要すると思い、五月末の応募締め切りを六月二〇日まで延長した。その後の審査日程に支障をきたさない範囲の延長であった。その結果、三部門で一四四作品の応募があった。

四月応募開始当初は、このようなコロナ禍で応募してくれるかどうか心配であったが、蓋を開けて見れば、外部からの応募はむしろ順調だった。

映像制作ガイドライン作成と事務局長退任

四月七日に新型コロナウイルス感染症対策の特別措置法に基づく緊急事態宣言が出されて、撮影や音楽ライブ、イベント等の開催が不可能となり、仕事を中断せざるを得ない制作会社が多かった。何とかしなければ業務が成り立たない、映像制作のガイドラインがほしいという要望が寄せられた。

緊急事態宣言は五月二五日に全面的に解除されたが、本格的な業務の再開に向けて会員各社が仕事現場の実態に応じた新型コロナウイルス感染症予防対策を行う際に参考となるよう、理事有志が検討を重ね、映像制作上の留意点を整理したガイドラインを作成した。基本的な感染対策を掲げるとともに、映像制作の過程に沿って、事前打ち合わせ・本読み・オールスタッフ会議、オーディション、衣装合わせ、ロケハン、ロケーション、控え室、機材の取り扱い、出演者、ポストプロダクション作業、各種試写に関してなど、詳細な注意事項をまとめ、六月一日に公表した。

まださまざまな条件付きの業務再開ということになるが、このガイドラインを参考にして、持続的な新型コロナウイルス感染症予防対策に努め、映像制作業務に取り組んでほしいと思った。

こうした中で、私自身は、予定通り六月一〇日の総会をもって、事務局長を退任した。二〇〇七年九月から事務局長を務めてきたので、一二年九ヶ月の間、職にあったことになる。同様に二〇一〇年から一〇年間、映文連会長を務めてきた塚田芳夫氏も退任した。

とはいえ、塚田氏は、名誉会長、映文連アワードの総合プロデューサーとして、私は理事として残ることになった。新事務局長の三浦啓一氏は事務局経験がなかったため、業務を引き継ぎつつ、しばらく併走することになる。

映文連アワードの審査は、これまで原則、審査委員が顔を合わせての審査だったため、コロナ禍ではあるが、二〇二〇年もそれを踏襲して行った。例年昼食を挟んで七〜八時間程度、缶詰状態で作品を視聴してもらうが、手指の消毒や検温、マスク着用をお願いし、室内ではサーキュレーターを回し、窓を開けて換気に気をつけるなど、十分な感染対策をした。ネット上で審査をやれないかという意見もあったが、事前に対応を考えていなかったため、通常の形式で実施し、九日間の一次審査で三部門合わせて六九作品が通過し、二次審査は一二名の外部審査委員の方々にお願いして四日間行い、時間を短縮するため、事前視聴をしてもらうなどして何とか乗り切り、九月一〇日に受賞発表に至った。

『ごんぎつね』に新たな解釈を加えたアニメーション

最優秀作品賞（グランプリ）は、『ごん――GON, THE LITTLE FOX』（製作：太陽企画、エクスプローラーズ・ジャパン）が受賞した。

八代健志氏のストップモーションアニメーションの新作で、映文連アワードだけでなく、国内外の多くの賞を受賞し、高く評価された。小学校の教科書にも掲載されている児童文学の名著・新美南吉の『ごんぎつね』を原作とするが、独自の解釈を加え、八代監督ならではの仕掛けが随所に施されている。何より美術が素晴らしい。ごんや兵十の造形はもちろんのこと、ススキ野原や二〇〇〇本を超えるまっ赤な曼珠沙華、茅葺屋根の兵十の家、魚、カエル、トンボなどの小動物のほか、ウナギ取りのシーンではアニメでは扱いが難しいといわれる本物の「水」が使われている。主人公のごんは、小狐の視点から見ると人間の少年の顔になり、人間の視点から見ると四足歩行の狐になり、行きつ戻りつする。ごんは、兵十が獲ったウナギを川に逃がしてしまったいたずらの償いに栗や松茸を兵十に届けるが、それが通じない悲しさや切なさは、ごんが少年の顔になることによってより一層思いが伝わる。最後に兵十に撃たれる結末には、思わず心を寄せてしまう。動物と人間という異種の儚い交流を通じて、本当の「優しさ」とは何か、問いかけてくる作品である。

八代さんは、二〇代の頃、図書館で本を読んで、子どもの頃と違いこんな風に感じられるのかと新鮮だったそうだ。「物語の裏に色々な思いがあったとしたら、悲しい物語だけど、優しい後味の作品がつくれるのではないか。今の時代に伝わるような解釈をしてつくっていきたい」と考えた。その解釈とは、動物の小狐と、二本足で歩く人間の顔を持った獣として、二面から描くことであった。「ごん」に感情移入すれば、読み手は「ごん」の気持ちや表情を感じている。八代さんとしては、擬人化して描くのは、ごく当たり前の表現だったという。そして、紙粘土の「ごん」というキャラクターがつくられる。二〇センチ足らずの少年の顔をした狐の可愛い人形である。それを見た時、プロデューサーの及川雅昭氏は、いい作品になると感じたそうだ。

『ごん――GON, THE LITTLE FOX』（©TAIYO KIKAKU Co., Ltd.）

八代さんの手帳には、見学したスタジオなどのメモや感想が絵付きでびっしり書き込まれており、絶えず研鑽を積んでいることがわかる。ストップモーションアニメーション制作は、非常に根気のいる、気の遠くなるような作業だが、自分のやりたいことに沿って、進化する技術をうまく使い、感情の籠もったストーリーを練り上げて作品にした。『ごん』は、その後、プラネタリウム上映から劇場公開も実現し、二〇年秋までに国内外七〇以上の映画祭に公式セレクションに選ばれ、三〇のさまざまな賞を受賞した。

この年の文部科学大臣賞には、一万五〇〇〇冊以上もの本を手がけ、装幀をアートにまで高めたともいわれる装幀家・菊地信義の創作の日々を追ったドキュメンタリー作品『つつんで、ひらいて』(製作:「つつんで、ひらいて」製作委員会)が選ばれ、経済産業大臣賞には、編集長の香川照之が小型カメラを持って取材するドキュメントスタイルのWeb広報『トヨタイムズ』(製作:KEY pro・AOI Pro. ／クライアント:トヨタ自動車)が選ばれた。このほかに優秀作品賞(準グランプリ)、部門優秀賞、優秀企画賞など、三〇作品が受賞した。

個人賞は、一般人・素人たちの本音を引き出し、感動を与える映像へと纏め上げる演出力を評価して齊藤真弘氏(『DEAR FUTURE――自動車船乗船体験プログラム』)にi賞が贈られ、優秀クリエイター賞は、『Birth――めぐるいのち』第一話「山の向こうで子どもが産まれた」を演出した若見ありさ氏と、『蛙捕り』という作品で一九世紀後半のアメリカで男装をして蛙捕りとして働くジャン・ボネの恋の行方を描いた東谷麗奈氏（カリフォルニア大学ロサンゼルス校）に贈られた。

コロナ禍での表彰式と上映会

表彰式は、国立新美術館講堂で開催しているが、コロナ禍で、運営方法に関して大きな変更を迫られた。表彰式と上映会会場の日程調整をして、一一月一八、一九、二〇日の開催に決定したが、収容人数が激減してしまった。表彰式会場である国立新美術館講堂は、コロナ感染防止対策として間隔を空ける措置が取られており、二六〇名の定員のところにわずか六四名しか入れない。勢い入場者を絞らざるを得ず、三二作品の受賞者が二名ずつ登壇することは難しくなり、上位受賞は二名、部門優秀賞以下は一名の登壇となった。しかし、多くの受賞関係者にも見てもらいたいと考え、初めて日経チャンネルでＷｅｂ中継してもらうことにした。これには七〇〇名の同時視聴があった。

上映会は、例年通り、渋谷・ユーロライブで開催した。九月後半よりイベント開催制限が緩和され、映画館は一定の感染症対策を取れば、満席も可能な状況ではあったが、一席ごとに空けることにして観客を半数に抑えた。Ｗｅｂや告知チラシには、感染防止の注意事項を入れて留意を促した。しかしながら、コロナ禍では積極的に来場を呼びかけられず、来場する側も感染状況から及び腰であったのは、止むを得なかった。

その後、コロナ感染者は全国的に拡大し続け、二〇二一年一月初めに緊急事態宣言が再度発令される。東京上映会の後に開催する沖縄、札幌、大阪での地方上映会は、感染拡大防止のため、すべて中止せざるを得なかった。

第一五回「映文連アワード2021」

Reborn（新生）

コロナ禍は、一年では終わらなかった。年明け早々、患者数が激増する中で再び緊急事態宣言が発動された。引き続き、在宅ワークが推奨され、会議や打ち合わせは、Zoom などWeb会議システムの使用が一般的となった。

一五年目を迎える「映文連アワード2021」のコンセプトは、「Reborn（新生）」、キャッチコピーは、〃時代ヲ突破スル映像、求ム。〃とした。

ポスターデザインは、博報堂チームに変わり、ADは倉田潤一さん、キャッチコピーは長谷部守彦さんが担当した。数多くのデザイン案の中から、〃時代ヲ突破スル〃にふさわしい、赤色をメインに切り裂くようなエッジの効いたデザインを選んだ。

コロナの感染拡大によって、映像制作の環境は大きく変貌しつつあった。映像表現も映像メディアも、新たな映像コミュニケーションを発掘しなくてはいけない時代になっている。今回の「新生＝Reborn」は、そうした映像制作者たちに対する呼びかけであり、エールでもある。この呼びかけに答えて、どのような新たな試みや新しい表現方法が生まれるのか、どんな新たなクリエイターが誕生するのか、待ち望まれた。

Web作品の応募増える

「映文連アワード2021」は、通常通り四月から作品募集を始めた。コロナ禍で応募は減少するのではないかと思われたが、一四六作品が集まった。

この年の顕著な傾向は、Web作品の応募が増えたことである。

第七章に掲げた「応募作品の主な利用状況・上映方法」を見ると、複数のメディア利用はあるものの、コーポレート・コミュニケーション部門の応募作品五一作品のうちWeb利用は四一作品と圧倒的に増え、ソーシャル・コミュニケーション部門でも六一作品のうちWeb利用は一六作品と同じような傾向が見られた。オンラインによる映像利用が増える中、コロナ禍でクリエイター（舞台や音楽家を含む）は、リアルな活動ができなくなり、活路をWebに求めたともいえるだろう。企業PR・広報映像も誰にでも届いて便利なWeb発信が増えた。映文連アワード開始当初からすると考えられないほど利用状況は変化し、Web利用が主流となったことを実感した。

「映文連アワード2021」の審査は、一次審査は十分な感染症対策をしながら、リアルな試写を行った。二次審査は、権利関係の問題もあって全ての作品をWebで審査にするのは難しかったが、可能な場合はデータでの作品提出を求めたこともあり、Web視聴とリアルな試写を組み合わせて審査を行った。

三部門合わせて六八作品が一次審査を通過した。二次審査は、ソーシャル・コミュニケーション部門の審査委員に新たに柴田昌平氏（映画監督）に参加してもらい、一二名の外部審査委員が審査し、三二作品の受賞が決まった。

歌舞伎の舞台裏に迫るドキュメンタリー

最優秀作品賞（グランプリ）は、『幕内劇場』（製作：HIROBA／クライアント：３Ｔｏｐ）が受賞した。二〇二〇年春以降、新型コロナ感染拡大により、多くのアーティストたちは公演やコンサートなど活動中止を余儀なくされていた。本作はこうした中、日本のエンターテイメント界初の全国巡業公演になった市川海老蔵の熊本・八千代座での「古典への誘い」の舞台裏に迫ったドキュメンタリーである。

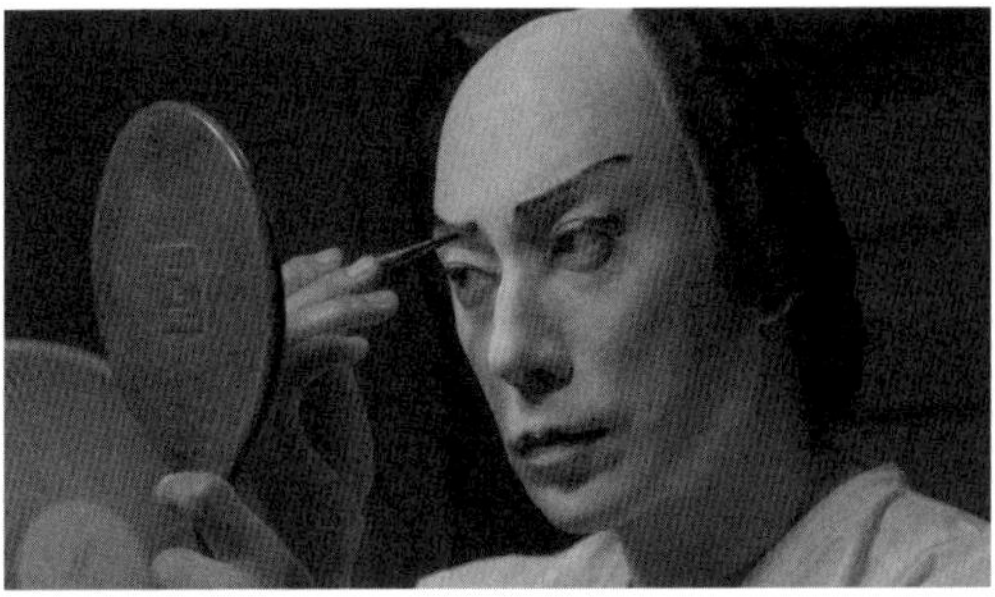
『幕内劇場』

　作品の中では、九月一一日の公演初日に向けて、稽古風景や鬘《かつら》の制作、歌舞伎独特の化粧など、普段は見ることができない舞台裏が有りのままに捉えられている。コロナ禍の中で行う七ヶ月ぶりの歌舞伎公演とあって、歌舞伎役者や大道具・衣装などスタッフの熱い思いがひしひしと伝わってくる。誰もが経験したことのない状況に直面した時、どうすれば観客と向き合えるか、「動かないと人間駄目なのよ！」という海老蔵の言葉に象徴されるようにまず一歩を踏み出してみる。このコロナ禍の時代、舞台裏をも見せるＷｅｂ映像で歌舞伎ファンとの新たなコミュニケーションの方法を探ろうとした意気込みを高く評価し、グランプリ受賞となった。

文部科学大臣賞には、「ごま」を通して食べ物の歴史や交流を知ってもらおうという食育動画『ぼく　だれだとおもう?』（製作：トライビート／クライアント：真誠）が選ばれ、経済産業大臣賞は、日本の森林を守り続けてきた「空師」という希少な職業にスポットを当て、林業のイメージアップを図るブランディング映像『空師　SORA-SHI』（製作：新春／クライアント：マルイチ）が受賞した。

この他、優秀作品賞（準グランプリ）、部門優秀賞、優秀企画賞など、三二作品が受賞したが、審査員特別賞の『BS12スペシャル「村本大輔はなぜテレビから消えたのか?」』（製作：BS12トゥエルビ、ドキュメンタリージャパン）は、放送界に身を置くディレクター自身が、お笑い芸人ウーマンラッシュアワーの村本大輔を通してマスメディアの現状に鋭く切り込んでいく異色でスリリングな番組であった。

市川海老蔵さん 表彰式に登壇

緊急事態宣言は終了したが、国立新美術館講堂は六四名という入場制限が継続された。この年も通常の開催は望めず、一一月二九日の表彰式は、日経チャンネルでWeb中継を行った。

グランプリ受賞が発表されると、市川海老蔵さん側から表彰式出席の意向が伝えられた。取材も数件入ることになり、通常とは違う対応を求められた。控えの会議室を追加し、スタッフの特別配置を行った。海老蔵さんはブログ発信者としても有名である。その頻度は驚くほどで、当日のブログは、実に小まめに約一時間ごと発信されていた。受付の女性が海老蔵さんはいつもスマホを見ながら歩いていらっしゃるんですねと感心していたが、スマホが手放せないほど熱心な発信者であった。

表彰式で、『幕内劇場』のディレクター宮部一通氏ともに登壇した市川海老蔵さんは、「この作品はコロナ禍の中で生活も厳しい中、歌舞伎を続けよう、歌舞伎の裏方として生きていきたい、伝統文化のために自分の将来を捧げたいという男たちのドラマがメインになっている。コロナ禍の中でさまざまな想いがあると思うが、私自身もこの作品を通じて諦めてはいけないことを教えてもらった。裏で支えるスタッフ、皆の力が一つになって評価されたのだと、いつも自分が一番前に立っている分、受賞はこんなに嬉しいことはない」と一緒に舞台を作るスタッフを思いやるコメントを述べた。

テレビ局や新聞取材も入り、翌朝は民放TVで放送され、スポーツ紙面を飾り、通常とは異なる「映文連アワード」の表出となった。やはりエンタメ系の発信力はすごいと思わざるを得なかった。

上映会トークをYouTube公開

翌三〇日、一二月一日は、渋谷・ユーロライブで受賞作品上映会を開催した。

ワクチン接種の効果か、新型コロナの感染者はかなり抑えられており、満席も可能な状況ではあったが、前年同様、一席空きにして観客数を抑え、Webやチラシ告知には、感染防止の注意事項を入れて留意を促し、受賞三二作品を七プログラムに分けて上映した。

新型コロナ関連の受賞作も多くあり、Aプログラム「コロナ禍を超えて」では、作品上映後、宮部一通（『幕内劇場』ディレクター）、鎌田裕一（『ねぶたのない夏』プロデューサー）、馬詰正（『Reboot』プロデューサー）、高橋一生（『西武そごう「私は、私。」レシートは、希望のリストになった。」』監督）各氏をゲストに迎え、トークセッション「コロナ禍で創る」を催した。モデレーターは、松本貴子氏（映画監督）にお願いした。

Gプログラム「若手クリエイターの表現」では、作品上映の後、「表現のReborn」と題して、安村栄美（『WAO』監督）、栗原栄見（『沼山からの贈りもの』プロデューサー）、藤井三千（『Letters』監督）、矢野ほなみ（『骨噛み』ディレクター）各氏をゲストに迎え、永田琴氏（映画監督）にモデレーターを務めてもらい、話を聞いた。

二つのトークセッションは、YouTubeで公開し、来場できない一般の方々にも見てもらえるようになった。徐々にではあるが、動画配信を増やして時代の変化に合わせ、「映文連アワード」も進化していこうとしていた。

第一六回「映文連アワード2022」

Timeless

新型コロナウイルスの流行も三年目を迎え、感染者数は減少しないものの、少しずつ閉ざされていた人と人とのコミュニケーションが回復しつつあった。

そんな中、二〇二二年二月下旬、ロシアが隣国ウクライナに侵攻し、世界に激震が走る。さらに映画界では、春以降、性被害やハラスメントの告発が相次いだ。また、是枝裕和監督らはフランスの国立映画映像センターをモデルとして「日本版CNC」を設置し、映画の興業収入の一部を徴収して助成金として業界全体に還元する共助の仕組みをつくることが、労働環境の改善など持続可能な映画界の実現に向けて必要なのではないかということで、その提案が日本映画製作者連盟（映連）へ持ち込まれた。かつては長時間労働が当たり前となっていた短編映像業界でも、この数年、制作会社は労働環境の改善などに取り組んできたように思う。

デジタル技術の進化によって、映像コンテンツの表現方法と扱う領域は大きく広がってきた。短編映像の役割とそのおもしろさとは、自在な表現方法によって、人々や社会の文化、情報を多様に描き出すことにある。それを支える要素は、「表現技術」と「物語る力」である。

一六回目を迎える「映文連アワード２０２２」は、「Timeless（時代を超える）」をコンセプトに掲げ、人々が共鳴できる課題を発掘し、斬新な語り口によって、普遍的な物語へと昇華させようとするクリエイターたちを支援していこうとした。

「Timeless」をイメージした告知ポスターは、マルチバースのような球体が浮遊しているシンメトリーで不思議なデザインとした。キャッチコピーは〝不朽の映像力。〟とした。「映文連アワード２０２２」は、前年を超える一六〇作品の応募があり、三部門合わせて七五作品が一次審査を通過した。二次審査は、ソーシャル・コミュニケーション部門の審査委員に大澤浄氏（国立映画アーカイブ主任研究員）、パーソナル・コミュニケーション部門は宮田公夫氏（電通ライブCD）に新たに加わってもらい、外部審査委員一二名で審査して、最優秀作品賞（グランプリ）ほか受賞三二作品と、個人賞に優秀プロデューサー賞一名を選んだ。

石ノ森章太郎の漫画『ジュン』を題材にしたアートアニメーション

最優秀作品賞には、『変わるまち、変われるまち、石巻。feat. ジュン』（製作：ロボット／クライアント：石巻市）が選ばれた。東日本大震災から一〇年、石ノ森萬画館が二〇周年を迎えたことを機に「マンガ文化の街・石巻市」のブランド化を目指し製作された、石ノ森章太郎の漫画『ジュン』をモチーフにしたアートアニメーション作品である。原作はストーリーらしいストーリーもなく、絵とコマの流れによって新たなイマジネーションを広げていく、謂わば「記憶画」の集成ともいえる実験的な作品であるが、主人公・ジュンの成長と震災復興への歩みを重ね合わせて、大震災で物理的にも精神的にも被害を受けた石巻の人々の復興を巧みに描き出した。ナレーションやスーパーに頼らず、アニメーションだけの表現力によって石巻の人々の復興への願いを壮大なストーリーとして描ききったことが高く評価された。

『変わるまち、変われるまち、石巻。feat. ジュン』
（© 石森プロ）

二〇二二年の上位受賞作には、優れたアニメーション作品が多かった。

文部科学大臣賞に選ばれた『ガラッパどんと暮らす村』（製作：若見ありさ／クライアント：宮崎県教育委員会、宮崎県立美術館）は、宮崎県三股町・都城市に残る河童にまつわる民話を基にアニメーション作家・若見ありさ氏が創り上げた作品である。「ガラッパ」と呼ばれる河童にまつわる四つの挿話を、地元の語り部の語りに載せて描いたもので、線画や砂アニメーション、ペイント・オン・グラスなどさまざまな技法を駆使している。時に大胆に、時に繊細に、時に恐ろしく、時に可愛らしく、河童と人々の関わりを軽妙に見せてくれるが、特に竹原由紀子さんの語りが素晴らしく、アニメーションと語りとがよくマッチして、何とも温かい気持ちにさせてくれる。

経済産業大臣賞に選ばれた『カニカマ氏、語る。』（製作：DASH／クライアント：スギヨ）にもアニメが巧みに組み込まれている。食卓でお馴染みの「カニカマ」は創業三八〇年を迎える能登の水産加工会社の人工クラゲ開発の失敗から生まれた。その開発秘話を、仕事に行き詰まった若い女性シェフと、「カニカマ」をモチーフにした英国紳士風の〝カニカマ氏〟との当意即妙な会話を通して再現ドラマという形で描いた。ややもすると退屈で独りよがりになりがちな企業広報や社史紹介を、こうした手法を用いることによって、エンターテインメント映像に仕上げた力量が評価された。

優秀作品賞に選ばれた『Hair album』(製作：太陽企画／クライアント：タカラベルモント)のアニメーションも素晴らしかった。

高齢の女性が美容室で髪を切る、その切り落とされた髪が、パペットアニメーションによって変身しながら物語が始まる。女性の髪には、その人の人生や想いが宿るといわれるが、ここでは若い頃の夫との出会いに始まり、愛し合い、子どもが巣立ち、やがて離別するという、主人公の人生の「記憶」が鮮やかに蘇っていく。その切り口と語り口がユニークであり、且つ髪の毛の質感を活かした繊細なアニメーションが素晴らしく、誰しもが抱くであろう「記憶」と「再生」という普遍的なテーマをさりげなく描き出していた。

表彰式の翌日、一一月二九・三〇日に渋谷・ユーロライブで開催した受賞作品上映会では、受賞三二作品を八プログラムに分けて上映した。Bプログラム「Timeless」では、「時を超える映像」と題して四作品上映した後、稲葉卓也（『変わるまち、変われるまち、石巻。feat.ジュン』ディレクター）、若見ありさ（『ガラッパどんと暮らす村』製作・監督）、平林勇（『カニカマ氏、語る。』ディレクター）の三氏に出演してもらい、モデレーターは谷川建司氏（映画ジャーナリスト）にお願いしてトークセッションを実施した。映像制作の背景や演出の苦労を知る興味深いセッションとなった。

短編は「多様性」を表す

パーソナル・コミュニケーション部門優秀作品賞には、出演者にトランスジェンダーの当事者を起用して描いた『片袖の魚』（製作：東海林毅〈みのむしフィルム〉）が選ばれた。「短編は、時代の鏡である」といわれるが、この年のパーソナル・コミュニケーション部門では、LGBTQを扱った短編作品が一挙に増えた。長編映画では、近年LGBTQを題材とした作品が製作されてきていたが、短編にもその傾向が押し寄せてきたようだ。一次審査通過した二三作品のうち、何らかの形でLGBTQに言及した作品が四本あった。これまで作品が当事者感情を置き去りにしてきた反省から、出演者やスタッフに当事者や理解者・支援者を起用する事例も見られた。

『片袖の魚』は、詩人・文月悠光の詩を原案として、トランスジェンダーへの理解を促すために作られた作品である。熱帯魚関係の仕事をしながら、自分に自信が持てないまま暮らしているトランスジェンダーの女性が新たな一歩を踏み出すまでの歩みを描いているが、雄が雌に性転換する熱帯魚クマノミが効果的に使われるなど巧みな構成で、出演者にトランスジェンダーの当事者を起用したことも成功していた。

表彰式は、これまでと同様、一一月二八日に国立新美術館講堂で開催したが、今回初めての試みとして、表彰式に手話通訳を入れた。これはパーソナル・コミュニケーション部門で『ジンジャーミルク』という「ろう者」をテーマにした作品が部門優秀賞を受賞しており、ご自身もろう者である今井ミカ監督が登壇されることになったからだ。

手話通訳を取り入れた表彰式

表彰式の人数は、若干緩和されたもののコロナ対策として、今回も登壇する受賞者のみの参加となった。式の模様は日経チャンネルによりライブ配信したが、事前に今井監督サイドと周到に打ち合わせをし、ステージ上に手話通訳を配して、配信映像でもマルチ画面で配信した。結果として、この試みは大変うまくいった。

製作者の背を押して

この年は『生きたかった、だから闘った。――白血病で早世した山口雄也さんのメッセージ』（製作：日テレ アックスオン／クライアント：日本赤十字社）に審査員特別賞を贈った。この作品は、白血病で余命宣告を受けた京都大学院生の山口雄也さんが自ら発信した迫真の動画メッセージである。自分の命が名も知らぬ人の献血によって支えられていることに対して、献血者へ感謝の気持ちを述べて、献血推進を呼びかけている。本人がカメラに向かって語りかける映像がメインとなる、素朴な作りのドキュメンタリーであるが、残された時間を意識した命がけの訴えは、見る人の心を強く打ち、長く記憶に残っていく作品であった。

Twitterでは、山口雄也さんが亡くなった後も家族により「雄也通信」として発信がなされており、受賞は多くのフォロアーに喜ばれた。プロデューサー、ディレクター、撮影、編集と一人で何役も兼ねた日テレ アックスオンの元安司氏は「雄也さんの願いや遺志がご両親や私たちを動かし、今も続いている。日赤の活動記録は、仕事をいただける限りライフワークにしたい」と語っている。

また、今回初めての「優秀プロデューサー賞」を馬場勉氏（北海道映像記録）に贈った。

『文化遺産を守り継ぐ――重要文化財旧函館区公会堂 保存修理工事』で部門優秀賞、『標津遺跡群――根室海峡のアイヌ文化の成り立ちを追う』で優秀企画賞とダブル受賞となったが、一次審査を通過し、惜しくも受賞を逃した『カムイ ヌイェ 神々を彫る 貝澤徹』も大変優れた作品であった。馬場氏はこれまでにも北海道の歴史・文化に根ざした自治体の広報映像や記録映像、展示映像などいくつもの優れた映像作品をプロデュースしてきたが、いずれも丁寧な作りで映像のクオリティーは高く、映像製作に取り組む志の高さを感じた。長年にわたってつくり続けてきた馬場氏の不断の映像製作力を高く評価し、今回の受賞となった。

製作者の団体が立ち上げた「映文連アワード」であるがゆえに、製作者やクリエイターの取り組みを評価して称え、これからに向けて背中を押しつつ、共に喜び合う映像祭でよかったと思う。

渋谷・ユーロライブでの受賞作品上映会は、かなり入りの良いプログラムもあり、コロナ前ほどではないが、観客が戻ってきたように感じられた。

地方上映会も三年ぶりに復活し、二〇二三年二月には大阪と札幌で受賞作品上映会を開催した。受賞した多様な短編映像をより多くの人々に観てもらい、楽しんでもらうことができたと思う。

Column 4

地方上映会（札幌）

東京での上映会が終わると、年が明けて一月から二月にかけて大阪・沖縄・札幌の三ヶ所で受賞作品上映会を開催する。地方での上映会は、一日のみの開催で、受賞作品の約半数一五作品程度を上映し、その地域の方々に鑑賞してもらっている。地方上映会は、四回目を迎えた「映文連アワード２０１０」から始まった。

地方での上映会は、会場確保や告知、当日の運営など、地元の関係者の協力なしでは開催に漕ぎ着けることは難しい。大阪は映文連関西支部、沖縄はシネマ沖縄、札幌は北海道映像記録にご協力いただき、新型コロナ感染拡大によりやむなく中止となるまで、一〇回にわたって開催してきた。

札幌での上映会は、第一回から地元の北海道映像記録の協力により開催してきた。同社は、一九七四（昭和四九）年に設立された映像制作プロダクションで、北海道を中心に官公庁の広報映像や展示映像などにハイクオリティな映像を、情熱を持って制作している会社で、映文連アワードの受賞作も多い。

社長でプロデューサーの馬場勉氏は「一年間に地球を七周半走りますよ」と語るほど、広大な道内を走り回っている。そんな多忙な仕事の合間を縫って、上映会のチラシを自ら配布し、会場打ち合わせや新聞社回りなどをボランティアで担ってもらっている。

札幌での上映会場はいくつか変わった。二〇一〇年から二年間は「札幌市教育文化会館」で開催した。上映会用の施設ではなかったため、大型スクリーンなどの上映設備を持ち込んだ。映写技師は「ゆうばり映画祭」も担当する方でなかなか上手だった。

東日本大震災が発生した後の二〇一二年は、札幌の人気ミニシアター「シアターキノ」で開催した。終日借りることはできず、二日間にわたって〈夜の部〉で上映した。ミニシアターのファン層も加わり観客層が拡大し、市内だけでなくわざわざ遠くから鑑賞に来た人もいたくらいだ。

二〇一三年以降は、来場者が昼間の上映を望んだこともあり、札幌老舗商店街の狸小路五丁目にある貸しホール「札幌プラザ2・5」に場所を移した。三七六席もある元東宝の映画館という申し分のない視聴環境だった。同じ映写技師にお願いし、毎年一五本程度の受賞作品を六年にわたって上映してきた。

二〇二〇年、その会場が改修のため使用できないことがわかり、急遽「ちえりあホール」(札幌市生涯学習センター)に場所を移す。現地の馬場さんに奔走してもらい、時間がないところを何とか確保できた。翌年は余裕をもって別会場を予約していたところ、新型コロナの感染拡大が続き、二〇二一年は上映会そのものを中止せざるを得なかった。

上映会の開催には予測不可能な事も起こり得る。東京から現地へ簡単には行けないこともあって、地元の映像関係者による労を惜しまない運営協力に支えられながら、何とか開催に漕ぎ着けている。

札幌上映会は二部構成で一五本程度の受賞作品を上映するが、札幌市の後援名義を得て、事務局で告知チラシをデザインし、現地で印刷する。チラシをできるだけ市民の目に触れやすい場所に置いてもらったり、これまでの来場者にメールで案内するなどしてもらっている。制作部の小林薫さんには、チケットの予約受付や会場準備・受付を担当してもらい、馬場夫人の恵美子さんにも案内を手伝ってもらうという実にアットホームな上映会であるが、大臣賞など大きな受賞が出ると、道内の新聞数紙に記事が掲載され、会場には立ち見が出るほどで、大勢の観客が来場してくれている。

第六章
若手監督たちの活躍

新しい才能を見いだす

「映文連アワード」の趣旨の一つとして「次代を担う新しい才能（学生・個人）を発掘し、映像業界のインキュベータとしての機能を担う」を謳っている。映文連アワードの三つの部門のうち、パーソナル・コミュニケーション部門は、映像製作を志す学生および個人グループが製作した作品を対象として自由課題を想定しており、毎年三〇～五〇余の作品の応募がある。ぴあフィルムフェスティバルなどに比べると応募数が多いとはいえないが、一〇年以上回を重ねたこともあり、受賞後に長編を撮ったり、映像業界で活躍する若手を数多く輩出している。

映文連アワードの審査は、これまで何度も触れてきたとおり、二段階審査を行っており、パーソナル・コミュニケーション部門の一次審査は会員社の経験豊かなプロデューサーやディレクターに委ね、二次審査については、当初は原田健一氏（新潟大学教授）を中心に吉原順平氏、渡部実氏、映文連側から八木会長、塚田副会長、事務局長（筆者）が加わり、一次審査を通過した作品を審査し、受賞作品を決定した。

その後、渡邊龍一郎氏や小栗康平氏、日向寺太郎氏、御法川修氏に加わってもらいながら、一四年以降は、安藤紘平氏を中心に永田琴氏、荒木美也子氏・井手陽子氏（アスミック・

エース）、塩田泰造氏、立石勝氏、山本透氏など、三〜四名の外部審査委員に加え、映文連側から住田副会長・アワード実行委員長、事務局長が加わり、受賞作品を決定してきた。

この部門から受賞する作品は、毎年五〜六作品である。最も優れた作品には優秀作品賞（準グランプリ）を贈り、部門優秀賞を三〜五作品に、奨励賞や優れた個人に贈る「クリエイター賞」が出る場合もあるが、のちに活躍する監督が数多く出ている。

映文連アワードを受賞した若手監督について、受賞作品を振り返りつつ、その後の活躍を追ってみた。

新井哲氏

ジャンル・国境をこえて

始まって二年目の二〇〇八年、新井哲監督の『さ〜らランドセル』がパーソナル・コミュニケーション部門の部門優秀賞を受賞した。この作品には、ゴミを集める女、親に捨てられた子ども、用済みの使用人などが登場する。ある日、女はランドセルをポストにすることを思いつく。この真っ赤なランドセルが繋いだ孤独な三人の出会いを描いた。人の心が求めるコミュニケーションというものについて改めて考えさせられる作品であった。一九七八年生まれの新井哲監督は、早稲田大学在学中に劇団「零式」を旗揚げする。脚本を執筆し、数々の戯曲賞を受賞、『さゝらランドセル』が初映画監督作品であった。新井監督は、二年後の二〇一〇年に『ヘビと映子と佐藤のこと』で準グランプリを受賞している。この作品は、顔にトラウマを抱えた女とそれを興味本位に眺めている女の友情の話である。人は分かりあえないままでも一緒にいられる。軽薄にも見えるやりとりの中に切実な思いが交錯する。ユーモア溢れる女二人の会話からエネルギーをもらえる作品であった。

三年目の二〇〇九年パーソナル・コミュニケーション部門は、一六本と応募作品数は多くないものの、才能が輩出した年であった。

初めて個人賞「ニュークリエイター賞」が設けられ、受賞したのは『Kingyo』監督のEdmund Yeo（エドモンド楊）氏だった。『Kingyo』は、早稲田大学大学院の安藤紘平教授（当時）の指導のもと学生が主体になって制作した作品で準グランプリを受賞した。

この作品は、エドモンド楊氏が川端康成の文学にインスパイアされて生まれた短編で、秋葉原を主な舞台に現代日本と伝統的日本を対比し、二台のカメラによる左右二面のマルチ構成で男女二人を追う手法など、斬新な冒険に挑んだ作品であった。『Kingyo』は、その後、第六六回ヴェネツィア国際映画祭の短編コンペティション部門に入選するなど、世界的にも高く評価された（のちにエドモンド楊は「エドモンド・ヨウ」と表記している）。

エドモンド楊氏は、一九八四年にシンガポールで生まれ、マレーシアで育ちオーストラリアのマードック大学で映像を学んだ後、来日した。受賞時は早稲田大学大学院国際情報通信研究科の学生であった。二〇〇八年に短編映画の執筆と監督を始めた楊氏は『Kingyo』以後も『避けられない事』（二〇一〇）が釜山国際映画祭で最優秀アジア短編賞を受賞した。一四年には長編映画デビュー作『破裂するドリアンの河の記憶』が東京国際映画祭で初公開され、一七年には、東京国際映画祭のコンペティション部門で映画『アケラット――ロヒンギャの祈り』、クロスカット・アジア部門でドキュメンタリー『ヤスミンさん』の二本の映画が上映され、前者で最優秀監督賞を受賞した。二〇年は、東京国際映画祭のワールド・プレミアに『Malu 夢路』が、二一年にも吉本ばなな初期の名作を映画化した『ムーンライト・シャドウ』が公開され、マレーシアの映画製作者ではあるが、日本を拠点に活動し、世界的な活躍をみせている。

二〇〇九年、『TiMe OF ThE WaVe――波の時間』で部門優秀賞を受賞したアンドリヤナ・ツヴェトコビッチ監督（日本大学大学院）は、旧ユーゴスラビア・マケドニア出身である。この作品は、自身が癌に冒されていることを知り、さすらい続けた男がその果てに忘れていた己の源を見つける物語で、日本の「禅」の精神にも通じる、移りゆく時の無常観を映像化した作品であった。そして、同年、彼女は「日本映画における原型的な主題と手法――さすらい原型と日本人と集合的無意識」というテーマで博士論文を書き、日本大学大学院芸術学研究科から博士号を取得し、マケドニア共和国が独立してから最初の映画博士になった。二年後には『紫と赤』を撮って応募してくれたが、ツヴェトコビッチ氏は、その後二〇一四年にはマケドニア共和国特命全権大使に就任した。二一年の東京国際映画祭では、Amazon Prime Video テイクワン賞の審査員をするなど映像製作にとどまらず、活躍の場を広げている。

二〇〇九年には、『ジュンとエマ』で部門優秀賞を受賞した西原孝至監督（sky-key factory 所属）がいる。この作品に登場する順と恵麻は血の繋がっていない姉弟で、父は息子を、母は娘を連れて再婚し、血の繋がっていない姉弟として一〇年を過ごした後、突然両親から離婚を告げられる。家族でなくなった姉弟が街に出て交わす会話は、「現代の家族、特に子どもがティーンエージャーとなる時期の家族について多様な問題を提起」し、子どもたちを見守る温かみのある作品として評価された。

西原監督は、二〇〇三年に早稲田大学川口芸術学校に第一期生として入学し、主にドキュメンタリー分野で活躍している。一一年の初長編作『青の光線』は、大阪アジアン映画祭に正式招待され、一四年に劇場公開された。次作『Starting Over』(二〇一四)は東京国際映画祭「日本映画スプラッシュ部門」を始め、国内外一〇ヶ所以上の映画祭に正式招待された。一六年の『わたしの自由について――SEALDs 2015』は北米最大の国際ドキュメンタリー映画祭HotDocsに正式出品している。一七年にはドキュメンタリー作品『もうろうをいきる』を撮っている。『シスターフッド』は一九年の釜山国際映画祭、大阪アジアン映画祭で上映され、最新作『百年と希望』はロッテルダム国際映画祭、DMZ国際ドキュメンタリー映画祭に正式出品されている。

西原孝至氏

二〇一一年に部門優秀賞を受賞した杉田真一監督の『大きな財布』も印象に残る作品であった。大きな財布を大事そうに抱えた少年・優太が一人、街の雑踏に佇んでいる。具合の悪い父のために見知らぬ街に出ていくが、優太が戻った時には父は死んでいた。父と車で移動しながら生活する少年の物語であるが、どんな状況におかれても変わらないもの、生命の力強さと尊さを、少年を通して描こうとした作品であった。

杉田監督は一九八〇年生まれで、大阪芸術大学映像学科卒業後、阪本順治、大森立嗣、山下敦弘監督らに師事した。杉田監督は、その後、長編デビュー作『人の望みの喜びよ』（二〇一四）で第六四回ベルリン国際映画祭のジェネレーション部門においてスペシャルメンションを受賞する。同作は、震災で両親を失った姉と弟のその後を描いた物語である。突然、街を襲う大きな揺れで、両親を失った姉・春奈と弟・翔太は、親戚の家に引き取られ、気持ちを整理する時間もきっかけもないまま、新しい生活だけが動き始める。重い体験を抱えて生きる幼い子どもたちだが、そこに希望が見いだせるストーリーであった。

杉田真一氏

ベルリン国際映画祭での声は「とても誠実で、悲しみを許し、そして希望を描いた魔法のような映画である。驚くほど魅力的な子どもたちにドイツの観客たちは皆、大きな衝撃を受け、心を奪われた……」（トーマス・ハイラー、ベルリン国際映画祭キュレーター）であった。

インディペンデントだからこそ研ぎ澄まされた純粋な思いは、国や年代を越え、多くの人々の心を打つ映画となった。

二〇二二年、杉田真一監督の最新作『わたしのお母さん』は、第三五回東京国際映画祭のNippon Cinema Nowで上映された。他人から見て良いお母さんの存在は、時に娘に重くのしかかることもある。母を石田えり、娘を井上真央が演じる繊細な母と娘の物語は、観客の心にじわっと染み込むような映画であった。

共感を呼ぶ物語を

二〇一二年に部門優秀賞を受賞した監督たちもその後、それぞれ活躍の場を広げている。まず、『777号に乗って』の井上博貴監督が挙げられる。

この作品は、女手ひとつで娘のユカを育てる姉のサエコが連れてきた新しい彼氏を受け入れられず、ユカが彼氏と上手くやっていけるのか心配するトオル。その彼氏がユカの誕生日に、飛行機好きのユカのために素敵なプレゼントを用意したことで、トオルやユカと次第に気持ちが通じ合うようになる、という心和むファンタジーであった。

井上監督は、早稲田大学卒業後、フリーの助監督・制作として映画、TVドラマ、CMなどに携わる。監督・脚本の三作目となるこの作品は、福岡インディペンデント映画祭を始め、各地の映画祭で評価された。翌一三年に『のぶ子の日記』で応募があり、一五年、恋と演劇の狭間で葛藤する女子高校生を描いた青春ラブコメディ『恋する河童』で再度、部門優秀賞を受賞する。翌年は『夕暮れの催眠教室』で応募があったが、一次審査通過で惜しくも受賞を逃している。ショートショートフィルムフェスティバル&アジアでもジャパン部門のノミネートがあり、その後も『四〇万分の一』などの作品を発表し活躍している。

柴田啓佑氏

二〇一四年、準グランプリを受賞した柴田啓佑監督の『ひとまずすすめ』は、市民課で戸籍係として働く「アラサー」女性を等身大で描いた作品である。主人公・花村美幸は父親と二人暮らしで淡々とした日々を送っているが、三〇歳を前に突如「結婚」や「家族」の問題に直面する。何気ない生活の中に小さなドラマがあり、三十路女性の心の揺らぎや焦燥感がよく出ており、共感を呼ぶ作品であった。

この作品は、翌一五年には劇場公開が行われ、六月に東京ではテアトル新宿、名古屋ではシネマスコーレで一週間のレイトショーとして上映された。その後コミック化され、電子書籍によるプロモーション漫画をコミックシーモアと連携して無料配布することになる。映画からの漫画化というのは商業作品でもなかなかないことだった。

柴田監督はその後、テレビドラマの演出も多く、映画では『あいが、そいで、こい』、『喝風太郎!!』（ともに二〇一九）などを世に送り出している。

感覚を研ぎ澄まして

二〇一二年、部門優秀賞を受賞した『棒つきキャンディー』を製作した酒井麻衣監督（京都造形芸術大学映画学科）も、その後の活躍に目覚ましいものがある。

酒井麻衣氏

少女漫画に転向した漫画家・千秋が、編集者と新連載の原稿打ち合わせをする中で、ストーリーの展開をめぐって意見が対立していく様子を描いた作品で、漫画の世界を実写に置き換えて主人公と作家をダブらせる手法は、過去と現在、想像と現実が交錯する構成上のおもしろさがあり、特に高校生のドラマ部分はビビットで心打つ瞬間があったと評価された。

酒井監督は、長野県千曲市出身で、『棒つきキャンディー』は京都造形芸術大学（現・京都芸術大学）映画学科プロデュースコースの卒業制作であった。その後、関西の制作会社に就職するものの、映画監督になる覚悟を決めて退職し、上京する。以降、映文連アワードへの応募はないが、二〇一六年、他の映画祭に出品された『いいにおいのする映画』がグランプリ・観客賞など史上初の六冠を受賞し、単独で劇場公開やDVD化された。翌一七年、二四歳の時の作品『はらはらなのか。』で商業映画監督デビューを果たす。

その後、テレビドラマやMVなどの監督を多数務め、二〇二〇年には際立つ創造性を発揮した一〇〇人を選出する「映像作家一〇〇人二〇二〇」に選出されている。

監督したテレビドラマには『恋のツキ』(二〇一八)、『荒ぶる季節の乙女どもよ。』(二〇二〇)、『雨の日』(二〇二二)、『美しい彼』(二〇二一)、『明日、私は誰かのカノジョ』(二〇二二)などがあり、映画『美しい彼――eternal』が二〇二三年春に公開された。

二〇一四年、部門優秀賞を受賞したふくだみゆき監督の活躍も目覚ましい。受賞作『マシュマロ×ぺいん』は、元彼を諦められない二九歳の真希のもとに自分の彼女を見張る謎の男が突然現れ、おかしな共同生活が始まるというストーリー。二人の会話がコミカルでおもしろく、他愛もない話だが、男と女の本性が垣間見える作品であった。

ふくだ監督は、群馬県前橋市出身で、グラフィックデザイナーに憧れて金沢学院大学美術文化学部情報デザイン学科(現・芸術学部芸術学科)に入り、大学時代にアニメ製作を開始し、短編アニメ作品がNHKデジタル・スタジアムでセレクション入りを果たすなどしている。二〇一〇年に卒業後、映画監督を目指して上京し、フリーの映像クリエイターとして活動を開始する。「Short Film Festa Nippon 2010」の授賞式で同映画祭のプロデューサーであった上田慎一郎氏と出会い、上田氏が立ち上げた映画製作団体「PANPOKOPINA」に参加する。そして、一三年に自身初の監督・実写映画として制作したのが『マシュマロ×ぺいん』である。この作品は、国内映画祭で五冠を達成した。一七年には、実写映画二作品目『耳かきランデブー』を制作している。二〇一四年の上映会トークセッションでも触れている自主制作アニメ『こんぷれっくす×コンプレックス』は二〇一八年、毎日コンクールアニメーション映画賞を受賞する。同コンクールで自主制作の作品がアニメーション映画賞を受賞するのは史上初のことだった。

二〇一四年に夫となった上田慎一郎監督の映画『カメラを止めるな!』がヒットしたこともあり、一八年一〇月から上田作品との同時上映で前掲二作品が監督作初の全国公開となる。

ふくだみゆき氏

「映文連アワード2019」には、ふくだみゆき監督がアニメーションを担当した『新卒応援ハローワークへ行こう!』（製作：毎日映画社／クライアント：厚生労働省）が出品され、優秀企画賞を受賞した。登場人物をすべて動物に置き換え、ハローワークの存在について楽しく学べる、新卒応援ハローワーク紹介映像であったが、ふくだ監督の持ち味が活かされた作品であった

二〇二一年には、上田監督と共同脚本・監督でアニメーション映画『100日間生きたワニ』を完成させている。

海外留学からの出発

二〇一五年に準グランプリを受賞した齋藤俊道監督の『小春日和』は、とある岡山の小さな郵便局を舞台に亡くなった母親の通夜を描く。病院に勤める兄と家業の郵便局を継いだ弟が空港から田舎へと搬送される母の遺体を追っていく中でドラマが交錯する。そこに一人の美しい若い女性が現れ、通夜を手伝う。女性は何者なのか、一人暮らしの老人と夢を追って田舎を出てしまった青年の葛藤と交流。シーンごとに予期しない形のドラマが展開し、観るものの想像力が喚起される作品であった。

齋藤監督は、一九八五年生まれ、大阪府箕面市出身で、同志社大学経済学部在学中より

自主映画制作を始め、一〇本以上の短編を制作している。卒業後、奨学金を得てニューヨーク大学大学院映画学科に留学し、その修了作品として制作されたのが『小春日和』である。この作品は国内外で多数の賞を受賞した。スパイク・リー監督の編集助手としてキャリアをスタートした齋藤監督は、帰国後、AOI Pro.に所属し、二〇一八年には一年間ベトナムに出向し、現地CMを演出するなど、主に広告映像を演出しているが、二一年長編デビュー作『The Pursuit of Perfection（邦題「食と真――狂おしく愛しいシェフたち」）』は、第六九回サン・セバスティアン国際映画祭で食をテーマとするCulinary Zinema部門で上映された。

同年に『ガラスの園で月を食らう』で部門優秀賞を受賞した相馬寿樹監督も取り上げたい。この作品は、日常に窮屈さを感じているワンパク少年二人が、学校で飼育されている生き物に自分の心境を投影して、彼ら（生き物）を解放する物語である。子どもにとっての「正義」とは何かが素直に描かれており、子どもたちの演技もパワフルで痛快感を感じさせる作品であった。

相馬監督は、早くから映画制作を開始し、二〇一〇年一八歳で映画『LILAC』でデビューした。二一歳で制作した映画『陽だまりの花』（二〇一三）は、国内外の映画祭で一五の賞を受賞している。本作『ガラスの園で月を食らう』は、国内外の映画祭でグランプリを含め二三の賞にノミネート・正式出品された。那須国際短編映画祭では、史上初・最年少で監督特集が組まれ、次世代の映画界を担う若き才能と注目された。

その後、相馬監督は研音に所属し、TVドラマ、CM、PVなどに携わり、二〇一九年には、TOKYOストーリーズの「東京・夕日」をテーマに撮った短編ドラマ「僕たちは泳がない」がテレビ放送される。アメリカと日本を往復して研鑽を積みながら、劇映画の脚本を書いて備えている。

二〇一五年からもう一人、部門優秀賞を受賞した山本尚志監督を挙げておこう。受賞作『君のいない教室』は、今日の社会的問題である自殺を背景に、亡くなった生徒の死を残されたクラスメイトたちがどう受け止めていくのかを問う作品であった。自殺へと導いた同級生や先生の言動は、やがて心の中に谺《こだま》して永遠にその責任を問い続けていく。重いテーマではあるが、多くを語らない手法ゆえにかえってさまざまに考えさせる作品であった。

山本監督は、一九八四年高知生まれで、高校卒業後、大阪の専門学校で英語を学んだ後、渡米し、サンディエゴのコミュニティーカレッジに入学し、大学ではテレビとラジオを専攻する。卒業後はロサンゼルスで様々な制作現場を経験し、帰国後は自主制作の監督として短編映画を制作している。

二〇一九年、山本監督は茨城県石岡を舞台に、妻の妊娠を機に石岡へ帰ろうとする兄夫婦と東京へ出て芸人になろうとする弟という一つの家族のあり様を描いて、町の魅力を自然に伝えようとした作品『獅子の道しるべ』で、再び部門優秀賞を受賞している。

さらに二〇一五年に部門優秀賞を受賞した渋谷悠監督も外すことはできない。受賞作『100年の謝罪』は、父親の浮気を目撃した息子が父親からの謝罪の言葉を待つが、仲直りに至らず父親は死んでしまう。葬式の後、父親の書いた手紙が見つかるが、それは読まれずタイムカプセルに入れられて時が過ぎる。一九五二年に始まり二〇五二年に終わるという、一〇〇年で一つの物語を紐解く挑戦的な試みをした作品である。

渋谷監督は、劇作家・映画監督・舞台演出家・俳優などマルチに活躍している。日本初モノローグ集『穴』を出版するなど、モノローグ（一人芝居）を日本の演劇界・映画界に広めてもいる。一九七九年東京八丈島生まれで、小学校から高校までインターナショナルスクールに通い、学校の演劇『屋根の裏のバイオリン弾き』に出演したのをきっかけに俳優を志して渡米する。米カリフォルニア州・レッドランズ大学で演技・脚本分析・舞台美術を学び、同大学で創作文学を専攻して学士号を取得した。さらにアメリカ・インディアナ州パーデュー大学院に入学し、創作文学の修士号も取得している。

その後、脚本・プロデュースした二作品、日米共同制作の短編映画『自転車』（二〇〇九）

と日米合作映画『千里眼（CICADA）』（二〇一四）が国際映画祭で注目された。

「映文連アワード２０１８」で部門優秀賞を受賞した『Repeat After Me』は、自らが主演し、監督した作品であるが、英会話授業の常套句〝Repeat After Me〟という言葉を上手く生かした作品で、孤独で単調な毎日を送る独身の英会話講師が、来日した外国人シングルマザーとその娘と過ごすうちに内なるものを取り戻すという心温まる作品であった。

「映文連アワード２０２０」で部門優秀賞を受賞した『ルーツ』（二〇一九）は、綾瀬市の地域発信型映像で、よしもとクリエイティブ・エージェンシーが支援した作品である。米軍基地のある町・綾瀬市を舞台に、軍人であった祖父の元婚約者を探しにきた米国人青年と、それを手伝う日本語学校の講師と教え子らとのユーモアに溢れ、笑いも涙もあるドラマであった。二〇二〇年には長編オリジナル脚本『ノアの魔法』がサンダンス・インスティチュートに提出されるＮＨＫ推薦作品に選ばれる。その後、二一年に『いたずらのパレード』、二二年にも『お姉ちゃんのダメ出し』で映文連アワードに応募があり、常連ともいえる存在である渋谷監督は、映画や舞台をやりながら、戯曲集やモノローグ集を出版し、オリジナルの長編映画の撮影も予定している。二〇二一年六月には映画『猿楽町で会いましょう』（共同脚本）が全国公開されている。

活躍する女性監督たち

二〇一五年には『空っぽの渦』で部門優秀賞を受賞した湯浅典子監督もいる。受賞作は、青春をもがきながらも必死に泳ぐ少女のひと夏の物語である。時には自殺幇助までしてしまう女子高生の鬱々とした日々を、二〇分の短編としてまとめたエッジの効いた作品であった。

湯浅典子氏

湯浅監督は、岡山市出身で、東京都立大学工学部建築学科を卒業後、木下プロダクション（現在のTBSスパークル）に入社し、キャリアをスタートさせた後、フリーランスとなる。短編映画一作目『あの、ヒマワリを探しに』（二〇一四）は、福岡インディペンデント映画祭四〇分部門でグランプリを受賞した。部門優秀賞を受賞した『空っぽの渦』は、一七の国内外映画祭で受賞した。

最近では、読売テレビ・日本テレビ系『CHEAT』（二〇一九）、AMAZON Prime Videoのオリジナルドラマシリーズ『日本をゆっくり走ってみたよ――あ

中澤香織氏

の娘のために日本一周』（二〇一八）や、自身四作目になる短編映画『Coming Back Sunny（邦題「おかえり、カー子」）』（二〇二〇）を監督し、同作はフィレンツェ、パリ、ニューヨーク、ダッカの国際映画祭に選出され、正式に上映された。

また、国際映画祭の審査員として招待され、映像を撮るだけではなく、企画コンペティションにも積極的に参加するなどしている。二〇二〇年一一月には東京国際映画祭に併催されたTokyo Gap-Financing Marketで日本国内の長編映画二本の中の一本に選ばれている。

二〇一六年に準グランプリを受賞した中澤香織監督も挙げられる。

受賞作の『ニナ』は、母を亡くした仁菜と絵美理の姉妹の物語である。就職活動をするが、仕事も上手くいかない姉・仁菜と、恋人との結婚を控えた妹のすれ違いから始まる。亡母からの思いを託されたかのように妹をコントロールしようする仁菜と、自分らしく生きたいと思う妹を対比して、たとえ身内であってもお互いに何を考えているのかよくわからないという心の機微が巧みに表現されている作品であった。

ラジオドラマの脚本なども手がけてきた中澤監督は、翌一七年NHK広島で放送されたドラマ『ふたりのキャンバス』の脚本を書く。広島市立基町《もとまち》高校で一〇年前から行われている高校生と被曝体験証言者による「原爆の絵」の取り組みを題材に、想像を超える体験をした人をわかろうと努力することで成長していく高校生の姿を描いた物語である。中澤監督はラジオドラマの執筆などを中心に活動を続けている。

青柳拓氏

卒業制作を出発点に

二〇一七年に準グランプリを受賞した青柳拓監督(日本映画大学)にも注目したい。

受賞作『ひいくんのあるく町』は、監督が育った山梨県西八代郡市川三郷町を舞台に、毎日町の中を歩き回る知的障害をもつ「ひいくん」に密着し、町の移り変わりを描いた作品である。「いつもヘルメットを被っている変なおじさん」という印象の「ひいくん」は、お母さんやお姉さん・姪と一緒に暮らしながら、町の人々に自然と受け入れられ、自分の居場所を確保している。地域の高齢化とともに町は変わり、監督が馴染んだ商店街の店も次々に閉店していく。「ひいくん」を通して監督の記憶を辿り、町の移り変わりや人々の温かさを描く、しみじみとしたドキュメンタリー作品であった。

この作品は、青柳監督の日本映画大学の卒業制作で、映画作りを思い立ったきっかけは、地元に帰って仕事をしようとしても何もない、退屈だなと思っていたところ、「ひいくん」こと、渡井秀彦さんのことを地域活動支援センターで働いていた父から聞く。記憶を巻き戻すと彼のことを鮮明に覚えていた。いつも楽しそうに町を歩いていた「ひいくん」。彼の楽しいところに共感できれば、きっと楽しいと思える町が見えてくるのではないかと思ったのだ。

市川三郷町は和紙と花火で有名な人口一万五〇〇〇人程度の町であるが、作品が完成して上映会をすると一〇〇〇人もの人が見に来てくれた。町の皆が「ひいくん」のことを知っている。知らない人も彼のことがとても気になっていた。青柳監督は日本の地域社会が抱える問題が見えてくるこの映画を「それぞれの立場から触れてもらえれば」という。

「水口屋フィルム」というレーベルを作り、山梨県で暮らしていた青柳監督は、二〇二〇年三月、コロナ禍で代行運転の仕事がなくなり、東京へ向かう。緊急事態宣言下に入っていた東京で、自転車配達員として働きながら、自分と東京の今を撮影し始める。全編スマートフォンとGoProで撮影された映像は、働くということ、「新しい日常」を生きるということはどういうことか、コロナ禍の東京、現代を取り巻く状況をリアルに捉えた疾走感と躍動感に溢れるドキュメンタリー作品となった。この『東京自転車節』は二一年七月よりポレポレ東中野ほかで公開され、キネマ旬報文化映画ベスト・テンの七位にランクインした。

自主製作と委託製作の間で

二〇一八年には、準グランプリを受賞した布瀬雄規監督がいる。

受賞作の『金色』は、障害者とどう向き合っていくかというテーマに素直にアプローチしたドラマである。料理人見習いの憲二と、盲目の金髪の実が出会い、スケボーを通じて交流が生まれる。一年経っても調理場に入れてもらえない憲二は、焦りを感じて、食事に来た実に対してついウソをついてしまう。二人の微妙な距離感が上手く描かれており、自然で押しつけがましくない演出や、視覚障害者の世界を伝えようとする暗転や音に対する細やかな気配りにも好感が持てた。ラストシーンでスケボーに乗った実が颯爽と金髪をなびかせて滑る姿は、二人の若者の希望を感じさせるエピローグとなっている。布瀬監督はフリーで映画監督を行うかたわら、二〇一五年から制作会社の業務委託のプロデューサーとして、一九年には正社員として映像制作をしている。次回作を期待したい。

同じく一八年、部門優秀賞を受賞した矢川健吾監督も印象に残る。受賞作『穴を掘る』は、日中は平凡な目立たないサラリーマン生活を送りながら、夜になると森の中へ赴き、ひたすら穴を掘る男が主人公である。男は何のために穴を掘るのか。ある寓意のためにストーリー性を排除した前衛的で実験的作品であった。

矢川監督は、一九八七年生まれの神奈川県出身で、多摩美術大学映像演劇学科卒業後、東京藝術大学映像科へ進み、撮影技術を学ぶが中退する。母方の出身地である小笠原のホテルで働きながら撮影した『人に非ず』(二〇一四)で、第三六回ぴあフィルムフェスティバル・審査員特別賞を受賞した。その後、CM制作会社でPM(プロダクションマネージャー)をしながら制作に携わり、二〇一八年に『穴を掘る』を監督する。この作品は多くの国内外映画祭に入選を果たし、海外の目も開かれる。一九年に株式会社GORILLA PICTURESを設立し、二〇年に『脳天気』を映文連アワードに応募した。

等身大の若者を描く

二〇二〇年に準グランプリを受賞した塩野峻平監督(中央大学)も印象深い。受賞作の『レイディオ』は、ラジオのDJ番組が繋ぐ少し不器用な大学生と女子学生の純愛物語である。ラジオを聴くのが趣味の加藤くんは、大学のゼミで同じ趣味をもつ松岡さんと出会う。ゼミ仲間である二人は、実はラジオのディスクジョッキー番組のメール投稿で互いにリスナーとして「アンビバレントパジャマ」と「袋小路」というハンドルネームを見知っていた。ＤＪのテンポの良い語り口に乗せて、徐々に二人の関係が解き明かされていく。やがて松岡さんはゼミを休みがちになり、「後悔しない生き方をしたい」といっていた彼女は病に侵され亡くなってしまう。クリスマスの夜、それを知った加藤くんは悲しみに暮れる。投稿されるメールの内容もよく、素直な構成で大学生の等身大な思いがよく表現され、ピュアで爽やかなラブストーリーとなっている。劇中歌であるパワフルでストレートな「リンダリンダ」（THE BLUE HEARTS）が気持ちを後押ししてくれる作品でもあった。

塩野峻平氏

　塩野監督は、その後、映画製作会社から声をかけられ、長編監督への道を歩み、コロナ禍を描いたオムニバス映画『to …』は、二〇二二年春に劇場公開された。また『青色のピンク』（二〇二二）が映画祭でプレミア上映されている。

海外へ飛躍するアニメ作品

二〇二一年は、『骨嚙み』で準グランプリを受賞した矢野ほなみ監督がいる。

日本国内の一部の地域には、葬儀の後で骨を食べることによって、亡くなった人を自分自身の一部として取り込み、悲しみや苦しみを乗り越えようという「骨かみ」という風習があるが、本作は、生まれ故郷のその風習をテーマにスーラの絵のような点描で描いた不思議なアニメーションである。

矢野ほなみ氏（右）とモデレーターの永田琴氏

父親の葬式から遡り、瀬戸内海の小さな島での暮らしが子どもの絵日記風に綴られる。時折、人の死を暗示するかのような「黒い魚」が現れつつ、ストーリーは進み、父の死に向き合った時、その骨を嚙むことができなかった私の思いに至る。生まれ故郷の風習を受け入れられなかった思いを視覚化した、非常にイマジネーション豊かで魅力的な作品である。

矢野監督は、一九九一年、瀬戸内海の島生まれ。二〇一三年京都精華大学在学中にロードアイランドスクールオブデザインへ交換留学したことがきっかけで、インディペンデントアニメーションの魅力を発見する。その後、東京藝術大学大学院映像研究科へ進んだ。修了制作の『染色体の恋人』（二〇一七）は、映文連アワードにも応募したが、惜しくも落選している。

『骨噛み』のプロデューサーは山村浩二氏であるが、作品は国内外の映像祭で高い評価を受け、特にカナダの第四五回オタワ国際アニメーション映画祭の短編部門ではグランプリを受賞している。日本人としては史上三人目の快挙であった。その他にも海外で二〇以上の映画祭に公式ノミネートされ、高い評価を受けている。

二〇〇七年に「映文連アワード」が始まって一六回、パーソナル・コミュニケーション部門には五七二作品の応募があった。ぴあフィルムフェスティバルなどに比べて応募総数はそれほど多くはないが、映画・映像の分野で活躍する監督たちが続々と現れている。準グランプリ・部門優秀賞を問わず、強く印象に残る作品、尖った作品を演出した若手監督がのちに開花しているように思う。

しかしながら、二〇一四年以降、同部門の二次審査委員を務め、部門長を担ってもらっている安藤紘平氏（映画監督・早稲田大学名誉教授）は「同部門は、個人であることの自由さ、我々の常識を覆すような奔放な発想と表現が期待される部門である。ところが全体の作品レベルは安定した水準にあるのだが、挑発され、こちらの価値観がかき乱されるような作品には、残念ながらあまり出会えなかった」（二〇一八年「審査を振り返って」）とコメントしており、氏を嘆かせるようなことも起きている。

最近の若手監督はお行儀よく、優等生的な作品が増えているということなのだろう。この部門は、自主製作作品の応募であり、作家のモチベーションの強さに負うところが大きい。今後もさらに審査委員を唸らせるような作品に出会うことを期待したい。

第七章
変わるメディア環境と映像祭の課題

変わるメディアと短編映像

「映文連アワード」が始まったのは二〇〇七年である。

その頃のメディア状況といえば、二〇〇五年に YouTube、二〇〇六年にニコニコ動画が登場し、Twitter サービスも開始する。iPhone3G が二〇〇八年に発売され、iPad は二〇一〇年五月発売されたが、当時は、今ほど動画をスマホで見るのは一般的ではなかった。総務省の通信利用動向調査（令和三年版「情報通信白書」）によれば、個人のスマートフォン利用は、二〇二一年に九割近く（八九・四％）に達している。NTTドコモモバイル社会研究所の調査でも「スマホ保有率」は、二〇一〇年四・四％から、二〇一五年に五一・一％に伸び、二〇二二年には九四％に達している。この一〇年間に一挙にスマートフォンが普及したことがわかる。

この間のネット広告の伸びも著しい。電通が発表する『日本の広告費』では、二〇〇九年広告費の総額は五兆九二二二億円で、このうちテレビ・新聞・雑誌・ラジオのマスコミ四媒体の総額は二兆八二八二億円であった。これに対してインターネット広告費は七〇六九億円で、五年でほぼ倍増し、初めて「新聞」を抜いて「テレビ」に次ぐ規模になった。

それから一〇年後の二〇一九年には、総広告費六兆九三八一億円のうちインターネット広告費が二兆一〇四八億円を占める。六年連続で二桁成長しており、ついにテレビ広告費を抜いた。そして二〇二一年、伸び続けたインターネット広告費は、テレビ・新聞・雑誌・ラジオの「マスコミ四媒体」の広告費をも上回ってしまった。それほどまでにインターネット広告費の伸長は著しかった。

「映文連アワード」応募作品は、年間ほぼ一五〇作品である。この本数から辿るだけでもある程度の映像制作状況の変化は見えてくる。応募作品のうち、コーポレート・コミュニケーション部門とソーシャル・コミュニケーション部門の映像作品の多くは、クライアントから製作費の提供を受けて製作される受注作品であるが、この部門における映像作品のインターネットの拡大も顕著である。

利用状況の変化

二〇〇八年、映文連アワードが開始した頃の「応募作品の主な利用状況・上映方法」を見てみると、コーポレート・コミュニケーション部門五七作品のうち、主たる利用は、ビデオパッケージ二〇本、展示映像一六本、Ｗｅｂ一一本、テレビ番組二件、その他八件であり、ソーシャル・コミュニケーション部門五一作品のうち、主たる利用は、ビデオパッケージ三四本、展示映像五本、テレビ番組三本、映画四本、その他五本であった。

応募作品の主な利用状況・上映方法

年	部門	本数	VP	展示映像	Web映像	TV番組	映画	その他
2008	C・C	57	20	16	11	2	−	8
	S・C	51	34	5	−	3	4	5
2013	C・C	50	19	10	15	3	−	3
	S・C	56	24	3	8	5	12	4
2018	C・C	52	7	15	22	1	1	6
	S・C	58	23	6	9	9	6	5
2021	C・C	51	4	5	41	−	−	1
	S・C	61	15	7	16	12	6	5

C・C：コーポレート・コミュニケーション
S・C：ソーシャル・コミュニケーション

当時、応募映像の多くは、利用しやすいビデオパッケージ（VP）で作成されていた。コーポレート映像ではWeb映像が二次的なメディアとして使われ始めているが、メインでなくほかのメディアと抱き合わせる形であった。

五年後の二〇一三年になると、コーポレート・コミュニケーション部門五〇作品のうち、ビデオパッケージ一九本を堅持しているもの、Web映像一五本と伸び、展示映像一〇本の中にもWebなどの複数利用が含まれ、Web映像が伸びてきた。ソーシャル・コミュニケーション部門五六作品の中にも、ビデオパッケージが二四本あるものの、Web映像が八本登場している。

スマホ保有率が五割を超えたこの頃より、Ｗｅｂ映像を他メディアと組み合わせて利用するなど、Ｗｅｂの利用が増えてきたといえよう。

さらに五年後の二〇一八年には、コーポレート・コミュニケーション部門五二作品の主たる利用は、ビデオパッケージは七本に減少、展示映像は一五本と多いものの、Ｗｅｂ映像が二二本と一番多くなっている。ソーシャル・コミュニケーション部門でも五八作品のうち、ビデオパッケージが二三本を占めているものの、Ｗｅｂ映像が九本あり、二〇一七〜一八年は、YouTubeなどの動画環境が整い、ネット利用も含め、メディア活用が複合的になってきている。

そして、二〇二一年では、コーポレート・コミュニケーション部門五一作品のうち、実にＷｅｂ映像が四一本と圧倒的にＷｅｂ利用が増えた。ソーシャル・コミュニケーション部門六一作品でもＷｅｂ映像が一六本と伸び、四分の一強を占めるようになった。

コロナ禍でオンラインによる映像利用が増えたとはいえ、映文連アワード開始当初からすると考えられないほど、Ｗｅｂ利用の増加が顕著になった。

映像制作環境の変化

映像制作は、多くのスタッフが長期間にわたって関わるため、かなりの製作費を必要とする。クライアントから製作費が出ている場合は別であるが、継続して映像作品をつくり続けるためには、上映して収入を得たり、映像ソフトを販売するなどして、製作費を回収し、利益を確保しなければならない。自主製作の場合は、製作費の回収は厳しい状況にあり、安易に無償でのWeb配信はできない。

二〇〇七年からわずか一五年ほどであるが、映像制作の状況はかなり変わった。

この間、何度か会員社の映像制作プロダクションに対して、著作権に関するアンケートを取った。リーマン・ショックや東日本大震災後の社会情勢下ではあるが、現在ほど動画配信が普及していない二〇一一年末のアンケートでさえ、その厳しい状況が見られる。

映文連の会員社は、企業映像、展示映像、販促物、テレビ番組などさまざまな映像を制作しているが、「五年前に比べて製作費は下がっていますか?」の問いに八〇%が「はい」と答えている。製作費は、目的や内容によって異なるが、一本当たりの費用は、企業VP（三~五分もの）が三〇〇万~六〇〇万円、教育用ソフト（二〇分前後）が四〇〇万~五〇〇万円、ドキュメント（二〇分もの）が四〇〇万円と、CM（三〇秒）の二五〇〇万円と比較すると短編映像は格段に低く、厳しい状況であった。五年前に比べて、製作費がどれくらい下がったかといえば、五割程度：二〇%、三~四割：三〇%、二割程度：三〇%、一割程度：一〇%となっている。

その背景はもちろん、景気低迷による発注する企業側の経費削減があるが、官公庁の競争入札が一般化し、競合他社とのコストダウン競争があって値崩れを起こしたともいえる。

そして、誰でも映像をつくることができる時代の到来は、プロでなくても容易に撮影や編集が行えるようになり、ポストプロダクションを経由せず、PC一台あれば映像がつくれてしまうことが製作費を引き下げる要因になったともいえる。映像技術の進化・デジタル化は喜ばしい反面、プロには厳しい状況の出現であるが、小さいプロダクションでもコンペに参加できる、制作者も自らの技術を磨かざるを得なくなるなど、決して悪いことばかりではないともいえる。

プロダクションは、内製化による製作費の削減や制作作業の効率化などさまざまな対策をとるが、フリースタッフは厳しい状況に置かれ、社員であっても低い製作費でたくさんの映像を制作しなければならなくなり、長時間労働を余儀なくされる。

そして、本来なら製作した制作会社が持つべき著作権も、製作費を発注者が拠出していることもあり、制作会社が主張できない風潮や仕様書に著作権の移譲を求める条項があったりと厳しい状況に置かれる。

二〇一一年時点でも、映像作品のネット配信は当たり前になりつつあり、テレビとWeb、イベントコンテンツとWeb動画を共有するといった複数メディアの使用が一般化し、その後もこの傾向は増えると予想されたが、その通りの状況になった。

今では、もちろんイベント用映像もあるが、企業映像はWeb発信が一般的となり、公式YouTubeチャンネルをもつ企業も珍しくなくなった。一〇～一五年前までは考えられない状況である。映文連アワードの応募作品に急激にWeb映像が増えたことも頷ける。

動画環境の伸長にともない「配信」は避けて通れない状況にあるが、製作費の回収は、映像をつくり続ける環境を維持するために何より大切なことである。

オンライン授業、コロナ禍で加速

短編映像は、教育現場で教材として使用されることも多い。

国は、二〇二〇年から全国のすべての小・中学生に一人一台のパソコンやタブレット端末を使う環境を整えようと、端末の費用を補助して高速・大容量の通信環境を整える「GIGAスクール構想」を始めた。コロナ禍もあって学校のオンライン授業は急速に普及しつつある。

教育現場のICT（情報通信技術）化が進む中、新しいルールが検討され、二〇一八年に著作権法の一部が改定され、ネット配信でも許諾が不要となる代わりに、著作権者の権利を守るため、補償金を「授業目的公衆送信補償金等管理協会」（SARTRAS）を通じて支払うという制度ができた。

例えば、小説や新聞記事・映像等の著作物をオンライン授業で使う場合、以前は原則として著作権者に許諾を得る必要があったが、作家や制作会社らの許諾を不要とする代わりに「補償金」を学校側が支払う制度である。この制度は、二〇二一年度から始まる予定であったが、新型コロナの感染拡大により、前倒しで二〇二〇年四月から特例として一年間無料で始まり、二〇二一年から運用されている。

オンライン授業が欠かせない今日となっては、多少なりとも有償化され、「補償金」が還元されることは望ましいことである。

上映料でもいい、映像ソフトの販売でも、配信による課金でもいい。映像をつくりたいと思う人が、制作会社でも個人でも、製作費を回収し、映像制作を持続できる環境ができることが望まれる。

映像祭運営の課題

一五年間、「映文連アワード」の運営は右往左往しながら走ってきた。

予想以上に成果が上がったこともあり、注目度はかなり高くなったが、この間に応募作品数が急激に伸びたわけでもなく、上映会への参加者が激増したわけでもない。もちろん、メディア状況の変化やコロナ禍の影響もあるだろう。

映文連アワード実行委員長の住田望氏は、二〇一六年一〇周年の記念座談会の席上でこの映像祭の課題について、次のように述べている。

「大きな課題は、三つある。一つは、運営資金の確保。この問題をいかに解決し、盤石な基盤を築いていくか。第二に日本国内において、映文連アワードや映文連の活動そのものの認知度はあまり高くない。いかに社会的な知名度を高めていくか。第三に大きな目標として国際化がある。日本国内に留まらず、将来的にはさまざまな国から作品が集まるようなアワードにしていきたい」

この指標を念頭において振り返り、今後につながる課題を述べてみたい。

認知度は上がったか？

一〇周年を迎えた当時、まだ「映文連アワード」や映文連の活動そのものの認知度はあまり高くないという認識があった。

映像祭の告知に特にメディア関係の広告費をかけたことはなく、後援団体であるマスコミや業界紙の報道以外は自前で広報をしており、募集案内はホームページやSNS、会員メールのほか、これまでの受賞者や応募者にメールを送信する、CM系の制作会社や映像学科のある大学などにポスターやチラシを配布するなどの方法でお知らせしてきた。

映像の制作本数は景気動向や社会情勢によって左右されるものでもあり、リーマン・ショックや東日本大震災の直後などは、応募総数が落ち込んだ。いっぽう、パーソナル・コミュニケーション部門の応募本数が飛躍的に伸びたことがある。開始六年後の二〇一二年には倍増、一三、一六、一八年も五〇本を超える応募があった。告知ポスター・チラシのデザイン力が功を奏したのではないかと思われるが、個人クリエイターへの浸透力は大きかった。

また、開始当初から比べると、応募者の「構成比」も大きく変わった。

立ち上げた二〇〇七年は、会員社のみの応募だったが、オープン化した二〇〇八年の構成比は、会員八六：会員外二二：個人一六＝一二四本、五年後の二〇一三年は、会員七〇：会員外三六：個人五〇＝一五六本と会員外が伸びてくる。さらに二〇二一年になると、その構成比は会員四二：会員外七〇：個人三四＝一四六本と全く逆転し、会員外の応募が倍増した。

この傾向は、二〇一九年頃からきわめて顕著になってきていた。しかも外部のかなり名の通った制作会社からの応募もある。流れが変わったと感じた。つまり、それだけ多方面から「映文連アワード」が認知されているということであろう。審査体制の構築に課題はあるが、今後はもっと応募本数が伸びてくれることを期待している。

観客層の課題

「映文連アワード」は、どのような映像祭と見なされているのだろうか。

例えば、『「映画祭」に関する基礎調査二〇一五―二〇一六報告書』（二〇一七年、日本芸術文化振興会、調査・編集：コミュニティシネマセンター）の記載によれば、映文連アワードの観客については、以下のように見なされている。

年齢構成：四〇〜六〇歳台／六〇歳以上

男女比：男：女＝七〇：三〇

観客の傾向：文化・芸術好き／同業種の方（映像制作会社）

必ずしも正確な比率とはいえないと思うが、中高年の男性が多く、同業種が多いことはおおむね該当しているといえよう。

ほとんどの映像祭は、もう少し観客層が若く、かつ女性客が多いが、我々の映像祭はやや傾向が違う。映像製作者団体が立ち上げた映像祭であるため、映像制作関係者が多く、その構成比からいっても男性客が多くなる。また受賞作品には歴史や文化に関わる記録映像やドキュメンタリー作品なども多いため、観客の年齢構成もやや高めとなっている。しかし、映画祭へ足を運ぶ年代層は、学生や子ども向けの映画祭でもない限り、この四〇〜六〇歳台が多く、映文連アワードが特別な傾向ともいえない。

映文連アワードの自由課題の部門では、全体数から見ればまだ少ないかもしれないが、学生や若手クリエイターが受賞するパーソナル・コミュニケーション部門の作品上映やトークセッションがあるプログラムには、それなりに若い人の来場がある。

観客数については、公的な助成金を受けているために連日開催という制約があり、会場確保の関係から平日上映することが多く、映像祭に足を運びにくい要因になっているかもしれない。さらにいえば、YouTube などにこれだけ動画が氾濫するメディア環境にあっては、スマホで映像を見る人たちが増えてしまい、会場に足を運んでもらうことは、なかなか難しい。どうしても観たい映像作品が上映される、監督や出演者に会えるなど、足を運びたくなるイベントを仕掛けるなどの方策が必要となろう。

運営資金について

課題のもうひとつは、運営資金の確保である。これは、どんな映像祭でも悩ましい問題であろう。再び、『「映画祭」に関する基礎調査二〇一五―二〇一六報告書』によれば、「映文連 国際短編映像祭」の予算規模は、下記のように記載してある。

予算規模（収支概算）：一一五〇万円（一〇〇〇～三〇〇〇万規模に位置）

映文連アワードの予算は、公益法人であるため、HPに予算書・決算書を公表しているが、通常開催ならば、六〇〇～七〇〇万円台である。

しかし、これには人件費は含まれておらず、映像祭関連の事務局員の実働を按分すると、当時は一一五〇万円くらいと思われた。

加えて、映文連は製作会社の団体であるため、会員社のプロフェッショナルの方々にさまざまな場面でボランティアとして協力してもらっている。一次審査委員、会場スタッフ、表彰式運営や上映会スクリーン画面や予告編制作など、無償またはきわめて低額で協力してもらっている場合が多い。これらを正規に組み入れれば、やはり一千数百万円規模の映像祭といえるかもしれない。

それでは、運営費を何で賄っているか。

人件費は、もちろん団体としての会費である。六〇〇～七〇〇万円の経費については、応募参加料が約四分の一、「特集号」掲載などの協賛広告と公的な助成金がそれぞれ約四分の一であり、上映会入場料は一〇分の一程度とあまり多くない。そのほかは、寄付金などによっている。

したがって、公的な助成金の有無は定期的な開催の大きな支えとなっているが、助成金の額は、資金運用実績や応募する映像祭の数などによって金額が変動するものであり、何とも悩ましかった。二〇二二年以降は、定額助成になったが、もう少し高額で安定的な公的支援を望むところである。

国際化について

「映文連アワード」は、二〇一〇年度からもう一つの事業「世界の優秀企業映像を見る会」を統合して「映文連 国際短編映像祭」（JAAP、International Short Film Festival）としてスタートしており、映文連アワードは、国内で約一五〇件ある映画祭のうち三十数件を占める「国際映画祭」として扱われている。

上映会ではその年の映文連アワード受賞作品約三〇本に加え、映文連と連携関係にある企業映像をカテゴリーに含める三つの海外映像祭「ワールドメディアフェスティバル WorldMediaFestivals」（独・ハンブルク）および「アメリカ国際映画・ビデオ祭（US International Film and Video Festival）」（米・ロサンゼルス）、「カンヌコーポレートメディア＆TV大賞（Cannes Corporate Media & TV Awards）」（仏・カンヌ）から、国際委員会（木村照彦委員長）が中心となり、その年の受賞作から一五作品程度を招聘し、プログラムを作成して日本語字幕をつけて上映してきた。海外からのゲスト招聘は少ないが、ビデオメッセージャインタビュー映像を流すなどして海外の動向を伝えている。コロナ禍により人が集う授賞式を中止したり、作品招聘に手間取ることもあるが、遠く離れた海外の制作者とオンラインで容易に繋がるようになり、かえってコミュニケーションは取りやすくなったともいえる。

ただし、二〇二〇年にアメリカ国際映画・ビデオ祭は主催者のLee Gluckmanさんが逝去されたためいったん中止し、運営見直しが行われた。ワールドメディアフェスティバルの主催者コーラ（Cora Chinbuah）さんも二二年末に亡くなられ、世代交代の時期を迎えている。

国際化については、映文連アワードは、応募段階から英文の応募申込書を用意して告知しており、「特集号」やWeb上映案内でもタイトルや作品概要の英文翻訳を行うなど、いつでも海外展開できるように備えている。しかし、今のところ海外からの応募は限られている。日本国内に留まらず、将来的にはさまざまな国から作品が集まるようなアワードにしていきたいという目標を掲げており、今後は海外からの作品募集の拡大のための方策を考えていかなければならないだろう。

幕を閉じる映像祭

このところ、先を行く映像祭に大きな変化が起きている。

二〇二一年、映文連が後援名義を出してきた二つの映像祭が終了を余儀なくされた。一九八五年に始まり、隔年開催で一八回を数える「広島国際アニメーションフェスティバル」が大きく変わった。また、一九八九年から始まった「すかがわ国際短編映画祭」も二〇二一年一〇月末に三二回で終了した。

映像祭の主催は容易ではないが、周囲が立ち上げた人物の熱意に打たれ、意義に賛同して始まることが多い。映画産業振興や地域振興というもくろみが潜む場合もある。

「広島国際アニメーションフェスティバル」のフェスティバルディレクターを務めてきたのは、木下小夜子氏だ。夫でアニメ作家の木下蓮三氏と原爆を題材とした短編『ピカドン』を制作したのを契機に、広島市と縁が出来て、一九八五年に「愛と平和」をテーマに映像祭がスタートした。

映像祭は隔年で開催し、参加者数は約三万人にのぼる。ＡＳＩＦＡ（国際アニメーションフィルム協会）の公認を得て開催され、第一七回大会では、世界八八の国・地域から二八四二作品もの応募があった。作家のトークや質疑応答コーナーなどを設けるなど、観客との距離が近いのが特徴で、六〇〇〜七〇〇作品を上映するが、広島でしか見られない作品もあり、足を運ぶ人が多かった。

しかし二〇一九年秋、市の新しい方針が出される。二〇年は、新型コロナの影響もあって上映やイベントは中止され、コンペティション部門のオンライン審査のみの開催となった。二二年からはこれまでの形での映画祭は終了し、「ひろしま国際平和文化祭」のメディア芸術部門として、新しいアニメーション映画祭「ひろしまアニメーションシーズン二〇二二」が開催されている。

福島県須賀川市で開催されてきた「すかがわ国際短編映画祭」は、一九八九年に地元出身のカメラマン金山富男氏（金山プロダクション）が立ち上げた映画祭である。毎年五月の連休明けに国内外の三〇本ほどの短編作品が上映され、トークセッションも行い、近隣を中心に多くの人々が訪れるアットホームな映画祭であった。しかし、三〇回の節目を終えて変節を余儀なくされた。

須賀川市は、〝特撮の神様〟ともいわれる故円谷英二監督の出身地であり、円谷英二ミュージアムのほか、街中にはウルトラマンや怪獣などのモニュメントがいくつも立っている。そこにアニメや特撮に関する資料の保存と、それらを活用した普及啓発活動を行ってきた『シン・ゴジラ』の庵野秀明監督らの願いが結びつき、「須賀川特撮アーカイブセンター」が須賀川の施設として、二〇二〇年一一月にオープンした。

須賀川市は「特撮」に重きを置くようになり、結果として、「すかがわ国際短編映画祭」

は席を譲る形で、二〇二一年秋の三二回開催をもって幕を閉じたのだ。

二つの映像祭は、規模の大小はあれ、ともに行政からかなりの資金を得て開催されてきた映像祭である。時間の経過とともに行政の変節が起こることはあり得るということであろうか。比較的小規模な映像祭は、立ち上げた人物が中心になって、ある程度までは、企画・運営し、その主旨を反映した上映会を組むことができるように思う。

しかし、時間が経てば、人は誰でも老いる。賛同者も高齢化する。映像祭の当初の意図が後継者に十分に継続されなかったりする場合もある。経済危機や震災、新型コロナウィルス感染拡大など社会的な激変を受けて、経済的苦境に陥る場合もある。そこに反論が出ると、志を継続していくのはなかなか容易ではない。それらを排して、どこまで継続性を保てるか、難しい問題である。

二〇二二年八月、大きなニュースが飛び込んできた。文化庁が賞を贈ってきた芸術祭の贈賞を整理することを発表したのだ。八〇年近い歴史をもつ舞台公演や放送・音楽作品に贈賞する「文化庁芸術祭」の贈賞を廃止した。二〇〇三年に始まった文化記録映画作品を顕彰する「文化庁映画賞」も二〇二三年度から廃止され、漫画、アニメ、メディアアートなどを顕彰し展示する「文化庁メディア芸術祭」も二〇二二年三月の二五回をもって終了することになった。各分野で優れた業績を上げた人は顕彰する模様だが、作品贈賞の機会が少なくなり、クリエイターにとっては誠に残念な決定となる。

映像祭に求めるもの、求められるもの

「映像祭」は、人々が映画・映像を観る喜びを分かち合う、祝祭感溢れる場だ。表彰式は、映像の作り手・受賞者にとっては苦労が報いられる華やかな場であり、褒め称えることによって人は育ち、ひいては映像文化の発展にも繫がる。

観客から見れば、「映像祭」は、その年の優れた映像をまとめて鑑賞することができる知的好奇心を満たしてくれる有益な場であり、映像祭において催されるトークセッションなどを通じて映像をつくった人に接し、作品が製作された背景や作品に込められた意味を知ることができる場でもある。より直接的な感動があり、鼓舞される場といえるだろう。コロナ禍によりWebで映像を見ることが一層増えたとはいえ、大画面でリアルに鑑賞できる場はやはり捨てがたいものである。

では、「映像祭」を催す意義は、どんなところにあるのだろうか？　映像製作者や映像クリエイターは、「映像祭」に何を求めていて、主催者は、それにどう答えていくべきなのだろうか。

作り手（製作者）としてみれば、自分たちが製作した作品がどのレベルにあるのか、評価を知りたいと思う。そして作品が受賞すれば、自信にもなるし、作品に付加価値がつき、次回作に繋がる可能性も増えるだろう。短編の場合は、長編と違い、配給に繋がるわけではないが、マスコミやネットで紹介されることも多く、上映を拡大させやすい。映像ソフト販売においても、「受賞」の一言があると売り文句になる。クリエイターの場合は、受賞歴がキャリアの一頁となり、本編への道が開けたり、職業として一歩を踏み出すきっかけとなったりする。受賞した制作会社の場合は、その製作能力の高さが対クライアントへのアピールとなり、クライアントの信頼を得て次回作に繋がることが多い。

主催する側としては、「映像祭」は事業の一貫として実施するわけであるが、映像に携わる製作者の制作能力の向上やモチベーションの高揚にも繋がり、映像作品の質的向上が見込める。事業の社会的意義が認められ、ひいては主催者の知名度や価値を高めることもある。また何より優れた映像作品やクリエイターに出会える期待感は大きく、彼らを支援することにより作品が世に出て、次の展開に繋がる可能性が生まれ、ともに成長する喜びがある。

このように「映像祭」は、観客にとっても、作り手にとっても、主催する側にとってもきわめてプラスの要素の多いものなのである。

どのようにバトンを渡していくか

何事も物事を立ち上げた人が永遠に存在するわけではない。次世代へ事業を継承していかなければならない。ふさわしい後継者を選び、一定の時間をかけて趣旨を伝える体制作りが大切である。

映文連アワードも、前述したように映像祭を立ち上げた塚田会長が二〇二〇年六月に退任し、運営を担った事務局長の私も交代した。会長は善方隆氏に、事務局長は三浦啓一氏に引き継がれた。その後、半年間は事務局業務の引き継ぎを行い、映文連アワードの趣旨、審査や表彰式・上映会などの運営の仕方を伝えてきた。塚田氏は総合プロデューサーとして、私は理事として、映文連アワードの審査等に関わり、今も見守っている。三浦事務局長は、今まで経験したことがないコロナ禍の中、Zoomなど新しいツールを駆使して委員会を開催し、作品審査の一部をオンライン化したり、日経チャンネルで表彰式を同時配信する、トークセッションをYouTube配信するなど工夫をこらし、今までアクセスしてこなかった層も取り込める可能性のある映像祭へと進化させつつある。

映像祭の運営には多かれ少なかれ、かなりの経費がかかる。入場料収入はどの映像祭もそれほど多くはなく、とても開催費用は賄えない。その経費をどのように調達するか、手腕のいるところでもある。加えて、協賛金は経済状況の影響を受けやすく、不況になると集まりにくくなる。そのような中でも、映像祭をどう「意義ある」ものとして継続できるかを考え続けなければならない。公的な財政支援（芸文振の国内映画祭等の活動を支援する助成金など）を受け、安定的に開催していく基盤を維持しつつ、新たな収入源の確保も必要となろう。

製作者やクリエイターにとって、自分たちの制作した作品を評価し、顕彰される場＝映像祭はなくてはならないものだ。受け継いだ人は、映文連アワードの趣旨を堅持しつつ、その存在意義をさらに高めていってほしい。後継者の情熱と手腕に期待したいと思う。

映像祭のこれから

インターネットの普及、スマートフォン利用の伸長によって、映像の見られ方は大きく変わった。そして、二〇二〇年春からのコロナ禍がさらに輪をかけた。コロナ感染拡大防止のため、多くの人が集まることは抑制され、Ｗｅｂ上映に切り替えた映画祭も多い。『映画上映活動年鑑２０２０』（一般社団法人コミュニティシネマセンター）によれば、国内で一八三ある映画祭のうち、コロナで中止となった映画祭は五四、会場開催（リアル）は

七二、配信（オンライン）と会場開催（リアル）を組み合わせたものは二二、配信のみが一九と配信が一挙に増えた。多忙な場合は、決められた時間にその場に行かなければ映像を見ることができないとなるとなかなか難しく、Ｗｅｂで鑑賞できるのは便利ではある。今後、コロナが収束したとしてもどれだけ上映会に観客が戻るか、見通すことは難しい。もちろん、上映会に多くの来場者が訪れるに越したことはないが、リアルと配信の組み合わせなど、さまざまな方策を模索することが必要になるだろう。

しかし、映像関係者の思いとしては、配信だけでは何か満たされないものがある。「熱気」がほしいのだ。

リアルな上映会の良さは、何より大きいスクリーンで映像を見ることができることであり、良好な音響空間で映像を見ることは何ものにも代え難い。来場者には普段見ることができない映像作品を映画館の大きなスクリーンで見る「スクリーン体験」をしてもらいたいと思う。

パソコンやスマホの小さい画面では、内容は理解できても、作り手たちが作品に込める熱量までは伝わりにくいのではないか。映画館で体感してこそ、熱量が伝わり、感動が生まれるのではなかろうか。また、全ての映像作品をＷｅｂで見ることができるわけでもなく、上映会でしか観ることができない作品もある。そして、何よりも上映会の良さは、映像をつくった人と直接出会えることだ。作り手と観客が出会う人的交流があってこそ、作品誕生の背景を知り、作品をより深く理解し、共感を覚えることもできる。また、トークセッションで出会った作り手同士がお互いに刺激し合い、次の作品が生まれることもある。

二〇二〇年春から猛威をふるった新型コロナウイルスも遠くないうちに収束に向かうだろう。事実、東京国際映画祭では、二〇二二年からレッドカーペットや海外ゲストの来日が再開され、映画祭特有のにぎわいが戻りつつある。海外の映像祭や大規模なイベントも全くコロナ禍を感じさせないような盛り上がりを見せている。

映文連アワードは、コロナ後の二年間、表彰式は四分の一の入場者、ユーロライブでの上映会は半数入場で開催し、地方上映会は全て中止としてきた。受賞者を囲む懇親会や来場者が交流する懇親会も飲食をともなうため中止してきたが、やがては復活するだろう。

これからは、人々に熱量が伝わるリアルな上映会を開催しつつ、必要に応じてWeb配信も行う。今までのやり方を維持しつつも、これまで来場してこなかった層も取り込める、オンラインでの可能性も追求していく、リアル（会場開催）とWeb配信（オンライン）を組み合わせたハイブリッド型の映像祭が模索されていくのではなかろうか。

短編映像の可能性

これまで紹介してきた通り、映文連アワードはスタートから一五年が経過し、その間、メディア状況は大きく変わった。デジタル化が進み、最先端を競う映像にはさまざまな手法が使われるようになった。何よりスマートフォンでの視聴や発信が増え、作り手の裾野もどんどん広がった。

短編映像は、メディアをもたない「ノンシアトリカル」映像、劇場で上映されない映像という意味合いがあったが、Ｗｅｂの時代になって、今や誰でも自由に発信できる時代になり、短編映像は大きな広がりを得た。もはや、「ノンシアトリカル」という枠組みも意味をなさないのかもしれない。

映像コンテンツの観点から幅広いメディアの作品を一堂に集めて顕彰する映文連アワードは、短編映像に新しい衣を着せるよう、毎年、時代をリードするキャッチフレーズを掲げ、斬新なイメージをつくってきた。徐々に注目を集めるようになった今日から見れば、短編映像の新しいイメージ発信にある程度成功したといえるだろう。

ミニシアターで上映される映画は、日本で公開される映画全体の一六％余といわれる。大手の劇場用映画だけでなく、自主作品やノンシアトリカル映像など、さまざまな映像

（映画）を見ることは、社会や文化の多様性の理解にも繋がる。

映文連アワードには、三つの部門＝コーポレート、ソーシャル、パーソナルの各コミュニケーション部門の映像があり、テーマは多様で、さまざまなジャンルを含む。企業VPやドキュメンタリー、技術記録もあれば、テレビ番組や自主映画もある。しかしひとたび賞に選ばれれば、上映会ではどんな受賞作品もジャンルを問わず、同じレベルで上映を行い、同一に鑑賞できるおもしろさがある。特異な映像祭であるといえるかもしれないが、多様な映像に出会える得がたい場でもある。

短編映像の役割とおもしろさは、自在な表現方法によって、人々や社会、文化や情報を多様に描き出すことである。それを支えるのは、「表現技術」と「物語る力」といえる。映像の表現方法とその扱う領域は、デジタル技術の進化によって大きく広がってきた。しかし、「物語る力」は、常に作り手たちの情熱と直感によって支えられ、人々を感動させ、次世代へと継承すべき物語の多くは、そうした努力によって誕生している。

根底には、映画であろうと、企業PR映像であろうと、プロフェッショナルな作り手たちは、自らの創造力・クリエイティビティを最大限に発揮し、命を削って映像をつくっているといえる。であるからこそ、どんな映像も評価を必要としているという思いがある。

映文連アワードは、さまざまなジャンルから優れた短編映像を発掘し評価し、受賞作品を紹介する上映を行い、製作者やクリエイターを後押しする。そこから自信をもって仕事をし、クオリティの高い映像をつくる製作者やクリエイター、世界に通用する映像作家（映画監督）を世に送り出していく。映文連アワードは、個性的で小さな映像祭かもしれないが、旗印となるコンセプトを掲げつつ、多様な優れた短編映像を発掘し、次世代のクリエイターを見出し、映像製作者の後押しをする、そんな作り手たちを応援する映像祭であり続けたい。

おわりに

映文連が誕生したのは、今から七〇年前の一九五三年。よく知られているようにテレビの本放送も同じ年に開始している。二月一日にNHK東京テレビジョン局がテレビ本放送を開始し、八月二八日には日本テレビ放送網も民放初の放映をスタートしている。朝鮮戦争の休戦協定が締結された年でもあるが、伊藤絹子がミス・ユニバース・コンテストで第三位に入り、八頭身ブームが起こり、映画界では『君の名は』（松竹）が大ヒット、「真知子巻き」が大流行したのもこの年である。国内は戦後の混乱も収まり、経済的にも立ち直りをみせた時代でもあった。

映文連は、その年の四月二五日、築地木挽館で設立総会を開き、任意団体「教育映画製作者聯盟」として発足する。初代事務局長は阿部慎一氏。当時は専任の事務局員はおらず、日本映画教育協会の建物の一室に事務室を置き、誠に慎ましやかなスタートであった。それから名称変更もあったが、七〇年が経つ。短編映像祭「映文連アワード」は誕生して一五年、その歴史の一翼を担うといえるだろう。

映文連アワードは、「小さく生んで大きく育てる（Think big, start small）」という控えめな出発点から始まった。映像祭の運営は、試行錯誤しながら考案し、実施、反省、挑戦の積み重ねでもあった。しかし、五年経ち一〇年経って、メディア状況が激変するなかで、映文連アワードの受賞を望む応募は増え、映像祭としての存在感も出てきた。何事も動いてみないと始まらない。旗印を掲げ、失敗を恐れずにやってみる。そうすると結果はついてくるのかもしれない。

映文連アワードは、塚田氏が陣頭指揮をとって進め、私は連盟関係者や事務局員とともにその実施・運営を担ってきたわけだが、在職中の一二年九ヶ月は決して平穏な日々ではなかった。乗り越えられたのは多くの方々の支えがあったからといえるだろう。

映像祭の要のひとつは「審査」であるが、会員社の一次審査委員にはボランティアで審査に協力してもらい、外部の二次審査委員にはお忙しいなか、薄謝にもかかわらず、丁寧に作品を観て評価してくださり、とても感謝している。

審査委員を引き受けるときは、半信半疑の方もおられるが、多様なジャンルの作品が見られる状況におもしろさを感じ、次第に短編映像の魅力にハマってしまわれるのか、「こういう社会的意義のあるもの、見応えのある映像をまとめて観たことがない。とても刺激的なこと」と審査委員にいってもらえると嬉しかった。

映文連アワードは新鮮で自由な発想や型破りな展開の作品に期待する向きもあるから、受賞作を絞り込むとき、議論は伯仲し、テーマや表現方法を巡って喧々諤々の議論が続くこともある。白熱する議論は事務局員にとっても、短編とは何かを考える得難い「学習の場」でもあった。作品を選ぶということは、審査委員の目線も試される。襟を正して作品を選ぶことを学ばせてもらった。

本書では、私の在職期間にその後の二年余を加え、二〇〇七年から二二年まで毎年約三〇作品の映文連アワード受賞作から、最優秀作品賞（グランプリ）を受賞した作品を中心に特色のある作品を一年に一作品、さらにパーソナル・コミュニケーション部門で受賞した若手監督の作品を紹介している。そのほかにも素晴らしい短編映像作品は数多くあり、ページを割けなかったことは残念だが、巻末に最優秀作品賞に加え、文部科学・経済産業大臣賞、優秀作品賞（準グランプリ）など主要な受賞作品の一覧も掲げている。ネット上に公開されている作品もあるので、興味があれば検索してもらえるとありがたい。

出版にあたっては、私の企画を目に止め、的確な視点を提示し、完成に導いてくれた平凡社編集部の進藤倫太郎氏にまず感謝したい。美しく希望に満ちた装丁をしてくれたアートディレクターの島峰藍さんにもありがとうといいたい。連盟関係者にはさまざまにご協力いただいたが、特に映文連七〇周年記念の一環として出版することに尽力いただいた副会長の藤本俊介氏、とりわけ困難に遭遇するたびに相談に乗り、助言してくれた名誉会長の塚田芳夫氏に深く感謝したい。

そして、何より映像祭は出品してくれる「人」あってのもの。立ち上げて間もない「映文連アワード」を見いだし、作品を応募してくれた製作者やクリエイターに感謝したい。

この本を読んだ人が、短編映像のおもしろさや可能性を発見し、短編映像をつくり、映像祭に応募してみたいと思ってくれれば、とても嬉しい。

二〇二三年四月一八日

中嶋清美

■第15回（2021年）

コンセプト：Reborn（新生）

キャッチコピー：“時代ヲ突破スル映像、求ム。”

赤色をメインに切り裂くようなエッジの効いたデザインとした。コロナの感染拡大により、大きく変貌しつつある映像表現も映像メディアも、新たな映像コミュニケーションを発掘しなくてはいけない時代となった。この呼びかけに答えて、どのような新たな試みや新しい表現方法が生まれ、どのような新たなクリエイターが誕生するのか。

CD：長谷部守彦　AD：倉田潤一
AD/D：平井美紗

■第16回（2022年）

コンセプト：Timeless（時代を超える）

キャッチコピー：“不朽の映像力。”

マルチバースのような球体が浮遊しているシンメトリーで不思議なデザインとした。
デジタル技術の進化によって、映像コンテンツの表現方法と扱う領域は大きく広がってきた。短編映像の役割とその面白さとは、自在な表現方法によって、人々や社会の文化、情報を多様に描き出すことにある。それを支える要素は、“表現技術”と“物語る力”である。

ECD：長谷部守彦　CD/AD：倉田潤一
AD/D：平井美紗

■ 第13回（2019年）

コンセプト：**世界劇場×百花繚乱**

キャッチコピー：**“世界はまわる。生命もまわる。希いがまわる。物語もまわる。”**

動画と呼ばれる映像コンテンツがネット上に溢れ、多様化し複雑化していく映像の世界にあって、つくる側と観る側が互いに絶妙な関係性を保ちながら、斬新な世界像＝物語を共鳴させることによって、新たな付加価値を創り出していく映像製作者たちを応援したい。図案は、「風車」をモチーフに使い、滝のような流れを背景に2つの風車が並ぶ幻想的なものとなった。

CD：篠原基明　AD：古山さくら子

CPR：雨谷沙代子

■ 第14回（2020年）

コンセプト：**Dig（掘り起こす）**

キャッチコピー：**“みらいをほる”**

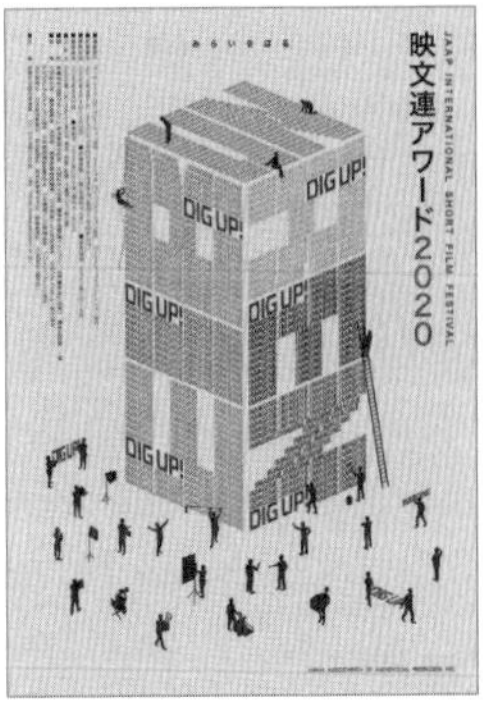

明るい山吹色をベースに“imagine”タワーが聳え立つ。そこに集うさまざまな職種の映像製作者たち……。タワーの絵柄に隠されている文字は、「EIBUNREN」である。2月頃より新型コロナウイルスが猛威を振い、感染防止のため、在宅勤務するクリエイターが増えた。そんな中でも映像技術の進化は留まることなく、全てものがネットに繋がる動画の常時接続が当たり前になる時代を迎え、技術と表現方法とが融合した映像コンテンツを探し出す能力が求められている。新たな地平を“Dig”＝掘り起こし、“感動”を生み出す「物語」を創り出す映像製作者たちを応援していきたいという思いを込めた。

CD：篠原基明　AD：栗本圭一

■第11回（2017年）

コンセプト・キャッチコピー：**“EUREKA（われ、発見せり。）”**

世界経済は低成長のまま、ますます複雑化する社会。今やインターネットで情報を得る人々が増え、共感しやすいものだけに接する傾向がある中で我々はどこへ向かおうとしているのだろうか。深海を行く潜水艇のような物体のまなざしは、青白く光っている。果たして、何かを“発見”することは出来るのだろうか。

CD：篠原基明　D/AD/CW：中島智哉
CPR：相田茜

■第12回（2018年）

コンセプト：**クロッシング（交差・横断）**
キャッチコピー：**“光の川を泳ぐ。時代を渡る。夢と夢を結ぶ。”**

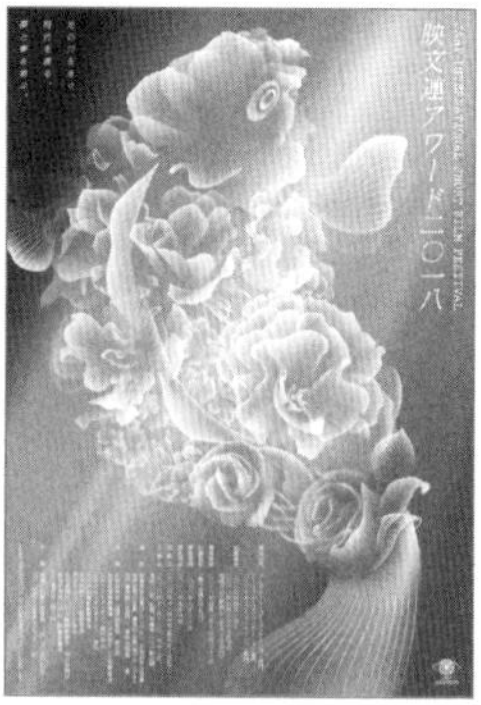

虹色に輝く、光の川を泳ぐ“錦鯉”。鯉の鱗は美しい“花”で被われている。「希望」や「夢」「情熱」などを表す花々……。鯉は、映像の世界を泳ぎまわる製作者（作家）や作品でもある。映像に関わる人々に「夢と夢を結び」、感動のある「物語」を紡ぎ出してほしい。短編作品を単に個々の中に留まることなく、テーマ・アイデア・技法などを自由に横断・交差させて、もっと深く考え、視野を広げ、自由に楽しませる、新たな映像コミュニケーションの創出を目指してほしいとの思いである。

CD：篠原基明　AD：島峰藍　CPR：相田茜

■第9回（2015年）

コンセプト：**未来×記憶**

キャッチコピー：**“明日をみつめる。記憶をつたえる。”**

前方を見つめる意志的な女性と俯きがちに目を閉じる女性。周りには、記憶・想いなどの表象が渦巻いている。戦後70年を迎えた日本。歴史、社会、文化などの分野で人々が共有してきた「記憶」は大切なもの。時代を越えて語り伝えていく必要があり、そこに短編映像が果たす役割も大きいのではという思いがあった。

CD：篠原基明　AD：石原絵梨　C：尹 珠熯
CP：相田茜

■第10回（2016年）

コンセプト：**大航海**

キャッチコピー：**“創造力は、永遠の航海である。”**

「映文連アワード」が始まって10年。
真っ青な海原に浮かぶ小舟＝「折鶴」で表現。小舟の文様は、船舶の通信のために世界共通で使われる国際信号旗をもとに考案され、船の群れを表現した。この10年間、メディア環境は急速に変化・多様化し、コミュニケーションのあり方も変化した。その状況を15～17世紀の大航海時代になぞらえ、大海原へ向かって漕ぎ出す短編映像の製作者たちの新しい旅立ちを応援していきたいと考えた。

CD：篠原基明　AD/D：島峰藍　C：上田哲郎
CPR：相田茜

■ **第7回（2013年）**

コンセプト：**ORIGIN**

キャッチコピー：**“ゆめまくひと”**

湖に立つ1本の樹木。夕陽を浴びて湖面にシルエットが映る。
この年、1953年に発足した映文連は60周年を迎えた。これまでの自らの歩みを振り返り、これからを考える。映文連の存在への問いかけを「映文連アワード」のキャッチコピーに託した。

CD：上田哲郎、篠原基明
AD：石原絵梨　C：森岡祐二　CP：山田孝

■ **第8回（2014年）**

コンセプト：**文化の力**

キャッチコピー：**“あらたな 物語が はじまる”**

一面に大きく文字を配し、タイポグラフィーのような文字遊びをした。11文字は、いろいろな国の言葉が潜んでいる。その言語数は、10数ヶ国。当時、我が国と隣国との関係は決して良好とはいえず、何やら心配な雰囲気も漂っていた。このような時だからこそ、国と国を越え、人と人とがお互いに分かり合うことが大切ではなかろうか、それを繋ぐのは「文化」。「文化（＝知）の力」を信じて短編を発信していこうという思いが込められた。

CD：篠原基明　AD：石原絵梨　C：森岡祐二

■第5回（2011年）

コンセプト：**短編力**（たんぺんぢから）

キャッチコピー：**“このほしの このくにの このまちの あなたと。”**

ポスター制作の最中、東日本大震災が発生した。被害の深刻さにデザイン案を再考し、ハート（人型のような）を抱く大きな手を油絵で描いた温かい図案になった。図案にもコピーにも被災した人々への思いが込められている。

CD：上田哲郎、篠原基明　AD：藏本秀耶
C：森岡祐二　CP：山田孝

■第6回（2012年）

コンセプト：**「時代との共鳴」「時代への意思」**

キャッチコピー：**“この時代を…、愛してる。”**

森に潜む動物たちをシルエットで描いた。フィルムで遊ぶ子サルもいる。東日本大震災から1年、復興の緒についたばかりで先が見通せない。前途は決して明るいとはいえないが、私たちはこの時代を受け入れ、正面から向き合い、前向きに生きていくべきではないかという「時代との共鳴」「時代への意思」を込めた。

CD：上田哲郎、篠原基明　AD：石原絵梨
C：森岡祐二　CP：山田孝

■第3回（2009年）

コンセプト：**時代は動く　短編よ 走れ！**

キャッチコピー：**“imagine”**

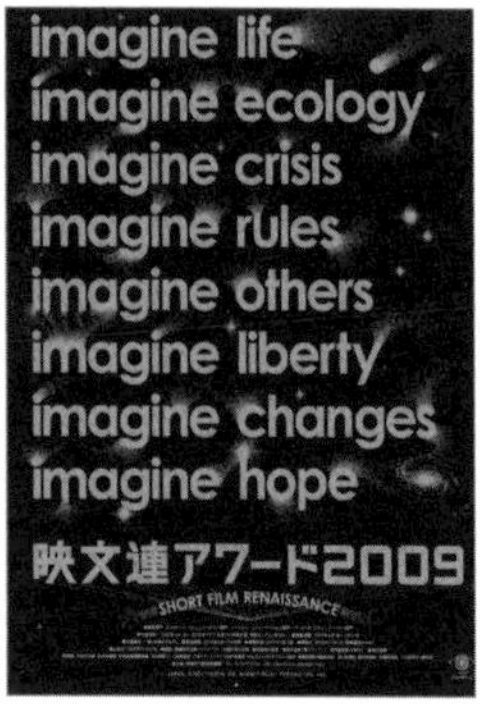

変化するこの時代にあって、社会のあり方や人間の生き方を短編映像を通して考えてみようと問いかけている。「時代」を読み解く8つの言葉を“imagine”と組み合わせ、短編映像の今を表現した。

CD：上田哲郎、篠原基明　AD：石橋光太郎

C：高橋明子

■第4回（2010年）

コンセプト：**未来、国際性**

キャッチコピー：**“夢も想像力もメガ盛り。”**

若い女性の金髪を、時代や映像を表すオブジェ、花や蝶などで華やかにアレンジした。厳しい経済環境が続く中にあっても、人間の想像力には限りがない。映像コンテンツには、人々や社会の夢がいっぱいに詰まっているというメッセージを込めた。

CD：上田哲郎、篠原基明　AD：大田有香里

C：高橋明子　CP：仁平隆士

映文連アワード ポスター・キャッチコピーの変遷

■第1回（2007年）

キャッチコピー：**“誰も観たことのない映像　誰も手がけたことのない技術　誰も体験したことのない感動”“プロフェッショナルの、プロフェッショナルによる、プロフェッショナルのための映像祭”**

©akibe artworks

映文連アワード発足当時の基本理念を表現しており、デザインは、「目」を印象的にフューチャーした強いインパクトのあるものであった。映像を作るもの、映像クリエイターにとって、「目」はまさに表現者の象徴。

CD：上田哲郎、篠原基明　AD：大村雄平
ILL：藤井忠亮

■第２回（2008年）

キーワード：**世界は、短編の中にある。**

世界の多様性を伝える短編映像の魅力を広め、そこから新しい映像業界発展の芽を探り出す、「ショートフィルム・ルネッサンス」を興したいと考えた。「SHORT FILM RENAISSANCE」の文字を大きく一面にアレンジ、「目」の光線が右下より貫く。

CD：上田哲郎、篠原基明　AD：大村雄平
ILL：藤井忠亮

映文連アワード2022

最優秀作品賞（グランプリ）	『変わるまち、変われるまち、石巻。feat. ジュン』	
	ロボット	石巻市
文部科学大臣賞	『ガラッパどんと暮らす村』	
	若見ありさ	宮崎県教育委員会 宮崎県立美術館
経済産業大臣賞	『カニカマ氏、語る。』	
	DASH	スギヨ
優秀作品賞（準グランプリ）	『Hair album』	
	太陽企画	タカラベルモント
	『ねお、町長になる――徳之島の天城町をバズらせろ！』	
	南日本放送 太陽企画	鹿児島県天城町
	『片袖の魚』	
	東海林毅（みのむしフィルム）	
審査員特別賞	『生きたかった、だから闘った。――白血病で早世した山口雄也さんのメッセージ』	
	日テレ アックスオン	日本赤十字社

映文連アワード2021		
最優秀作品賞（グランプリ）	『幕内劇場』	
	HIROBA	3 Top
文部科学大臣賞	『ぼくだれだとおもう？』	
	トライビート	真誠
経済産業大臣賞	『空師 SORA-SHI』	
	新春	マルイチ
優秀作品賞（準グランプリ）	『YOASOBI「群青」Official Music Video』	
	太陽企画	ソニー・ミュージックエンタテインメント
	『ムカチノカチカ』	
	KEY pro	freee
	『骨嚙み』	
	矢野ほなみ Au Praxinoscope	
審査員特別賞	『BS12スペシャル「村本大輔はなぜテレビから消えたのか？」』	
	BS12トゥエルビ、ドキュメンタリージャパン	

映文連アワード2020		
最優秀作品賞（グランプリ）	『ごん―― GON, THE LITTLE FOX』	
	太陽企画、エクスプローラーズ・ジャパン	
文部科学大臣賞	『つつんで、ひらいて』	
	「つつんで、ひらいて」製作委員会	
経済産業大臣賞	『トヨタイムズ』	
	KEY Pro、AOI Pro.	トヨタ自動車
優秀作品賞（準グランプリ）	『DEAR FUTURE ――自動車船乗船体験プログラム』	
	CREATIVE EGG	日本船主協会
	『協創の森コンセプトムービー〔現場篇〕』	
	CNインターボイス	日立製作所
	『レイディオ』	
	塩野峻平	

映文連アワード2019		
最優秀作品賞（グランプリ）	『新日本風土記——佃・月島』	
	テレコムスタッフ、NHKエンタープライズ、NHK	
文部科学大臣賞	『礼文——日本最北の「遺跡の島」』	
	北海道映像記録	礼文町教育委員会
経済産業大臣賞	『粋な仕事—— COOL,SMART,EXCITING, CREATIVE !!』	
	揚羽	安田不動産
優秀作品賞（準グランプリ）	『君が、いるから』	
	東映	兵庫県、兵庫県人権啓発協会
	『答えは変えられる。』	
	BIS	国境なき医師団日本
	『ミは未来のミ』	
	磯部鉄平（belly roll film）	

映文連アワード2018		
最優秀作品賞（グランプリ）	『からだの中の宇宙——高精細映像が解き明かす』	
	ヨネ・プロダクション	
文部科学大臣賞	『ニジェール物語』	
	チーム谷四	
経済産業大臣賞	『MEET MR. MATSUSHITA』	
	モンタージュ	パナソニック
優秀作品賞（準グランプリ）	『ノンフィクションW　カメラを持ったミューズ——インド映画撮影監督・中原圭子』	
	放送映画製作所	WOWOW
	『日本の植物検疫』	
	テレビ朝日映像	農林水産省 横浜植物防疫所
	『金色』	
	布瀬雄規	

映文連アワード 2017		
最優秀作品賞（グランプリ）	『DISCOVER CROWN SPIRIT PROJECT』	
	東北新社	トヨタマーケティングジャパン
文部科学大臣賞	『Time Trip　日本の海岸線――伊能忠敬の軌跡』	
	フジテレビジョン	
経済産業大臣賞	『パナソニック　ミラノサローネ 2017 Electronics Meets Crafts:』	
	モンタージュ	パナソニック
優秀作品賞（準グランプリ）	『一陽来復―― Life Goes On』	
	平成プロジェクト（心の復興映画製作委員会）	
	『一番搾り うまさの秘密体感ツアー――ウェルカムシアター映像』	
	凸版印刷	キリンビール
	『ひいくんのあるく町』	
	青柳 拓 日本映画大学	

映文連アワード2016		
最優秀作品賞（グランプリ）	『長崎新聞配達ルートデータMAP化プロジェクト「The Way」』	
	DECマネージメントオフィス	長崎新聞社
文部科学大臣賞	『眠れない夜の月』	
	太陽企画、エクスプローラーズ・ジャパン	
経済産業大臣賞	『ミツカンミュージアム 水のシアター』	
	電通テック	Mizkan Holdings
優秀作品賞（準グランプリ）	『鍛金――玉川宣夫のわざ』	
	日経映像	文化庁
	『はじまりは もうすぐ』	
	モンタージュ	パナソニック
	『ニナ』	
	中澤香織	

映文連アワード 2015		
最優秀作品賞（グランプリ）	『芭蕉布――平良敏子のわざ』	
	シネマ沖縄	文化庁
文部科学大臣賞	『ノンフィクションW 盲目のストライカー 世界へ――ブラインドサッカー日本代表　闘いの軌跡』	
	エネット	WOWOW
経済産業大臣賞	『Kawasaki Ninja H2 ティザームービー』	
	キャップスアソシエーション、ディーヴァ	川崎重工業
優秀作品賞（準グランプリ）	『つなぐ。まもる。そして、つよくなる。――NTT 東日本・NTT 西日本のユニバーサルサービス』	
	ＮＴＴラーニングシステムズ	東日本電信電話、西日本電信電話
	『支笏湖 カルデラの大地 水と命の輝き』	
	丹青社、北海道映像記録	環境省 北海道地方環境事務所
	『小春日和』	
	齋藤俊道	

映文連アワード2014		
最優秀作品賞（グランプリ）	『すばる望遠鏡 Hyper Suprime-Cam ――世界最大の補正光学系開発』	
	イメージサイエンス	キヤノン
文部科学大臣賞	『秋桜の咲く日』	
	東映	北九州市、北九州市教育委員会、北九州市人権問題啓発推進協議会
経済産業大臣賞	『Grand Seiko PV　人生時計』	
	東北新社	セイコーウオッチ
優秀作品賞（準グランプリ）	『鬼来迎――鬼と仏が生きる里』	
	桜映画社	ポーラ伝統文化振興財団
	『UBUGOE』	
	電通クリエーティブX	九州朝日放送
	『ひとまずすすめ』	
	柴田啓佑	

映文連アワード2013

最優秀作品賞（グランプリ）	『ダイハツコペン３Ｄ』	東北新社	ダイハツ工業
文部科学大臣賞	『Eternal Return――いのちを継ぐもの』	ライブ	
経済産業大臣賞	『実践学園中学・高等学校　2013年度 学校案内 中高一貫編』	テレビ朝日映像	実践学園
優秀作品賞（準グランプリ）	『いいね！JAPAN』	電通テック	
優秀作品賞（準グランプリ）	『ホワイトエッセンス――挑戦』	メディアフォーユー	エイ・アイ・シー
優秀作品賞（準グランプリ）	『さようなら、ぼくの先生――最後の90日』	錫木公孝	

映文連アワード2012		
最優秀作品賞（グランプリ）	『中央区戦災体験者の証言 空襲篇』	
	毎日映画社	東京都中央区
文部科学大臣賞	『ふじ学徒隊』	
	海燕社	
経済産業大臣賞	『東京モーターショー2011 ホンダブース センター映像』	
	電通テック	本田技研工業
優秀作品賞（準グランプリ）	『都市デザインとまちづくり——街の魅力を創る横浜の実践』	
	ポルケ	紀伊國屋書店
	『SEIKO BASEL2012　GRAND SEIKO/SPORTURA』	
	東北新社	セイコーウオッチ
	『櫻本箒製作所』	
	告畑 綾	

映文連アワード 2011		
最優秀作品賞（グランプリ）	『HAYABUSA —— BACK TO THE EARTH 帰還バージョン』	
	ライブ	「はやぶさ」大型映像制作委員会
文部科学大臣賞	『色を奏で いのちを紡ぐ——染織家 志村ふくみ・洋子の世界』	
	ポルケ	紀伊國屋書店
経済産業大臣賞	『すみだ地域ブランド戦略ＰＲ映像　Sumida Modern 2010/Sumida ものづくり Collaboration』	
	デジタルスタジオ・ジャパン	すみだ地域ブランド推進協議会、墨田区産業観光部産業経済課
優秀作品賞（準グランプリ）	『必ずヒーローになってやる——サッカー日本代表 李忠成』	
	東北新社、日本放送協会	
	『Welcome to EVERLEDS Lighting Museum』	
	モンタージュ	パナソニック電工
	『ボーダー』	
	鈴木 祥	

映文連アワード2010		
最優秀作品賞（グランプリ）	『生きもの――金子兜太の世界』	
	ポルケ	紀伊國屋書店
文部科学大臣賞	『海の食物連鎖――太陽からクロマグロをつなぐエネルギーの流れ』	
	太陽企画	国立科学博物館
経済産業大臣賞	『"ISM" MILBON DOCUMENTARY 2010 ―― 50th. ANNIVERSARY』	
	アットアームズ	ミルボン
優秀作品賞（準グランプリ）	『太宰治短編小説集「走れメロス」』	
	テレコムスタッフ、日本放送協会（NHK）	
	『RESPECT & CONNECT　前編・後編』	
	カジマビジョン	日立製作所、日立インターメディックス
	『ヘビと映子と佐藤のこと』	
	新井哲（零式）	

映文連アワード2009		
最優秀作品賞（グランプリ）	『平成 熊あらし――異常出没を追う』	
	群像舎	
文部科学大臣賞	『名古屋大学から世界の頂点をめざして――下村 益川 小林 3氏のノーベル賞への軌跡』	
	日テレ アックスオン	名古屋大学
経済産業大臣賞	『帰ってきたもうひとつの遺産――綴 TSUZURI 文化財未来継承プロジェクト』	
	電通クリエーティブX	キヤノン
優秀作品賞（準グランプリ）	『難病患者の心をつなぐテクノロジー――（前編）「伝の心」開発物語／（後編）「心語り」開発物語』	
	カジマビジョン	日立製作所、日立インターメディックス
	『白磁――井上萬二のわざ』	
	桜映画社	文化庁
	『Kingyo』	
	板垣麻衣子 エドモンド 楊	

映文連アワード2008		
最優秀作品賞（グランプリ）	『腫瘍血管新生 Tumor Angiogenesis —— VEGF vs. Avastin』	
	桜映画社	中外製薬
文部科学大臣賞	『本多静六——いのちを育てる森の実学』（紀伊國屋書店ビデオ評伝シリーズ 学問と情熱 第35巻）	
	ポルケ	紀伊國屋書店
経済産業大臣賞	『YAMAHA MUSEUM —— THE MOVIE』	
	電通テック	ヤマハ発動機
優秀作品賞（準グランプリ）	『木工芸——中川清司のわざ』	
	日経映像	文化庁
	『二輪車開発物語』	
	電通テック	スズキ

映文連アワード主要受賞作品一覧

	タイトル	
	製作	クライアント
映文連アワード2007		
最優秀作品賞（グランプリ）	『やーさん ひーさん しからーさん――集団疎開学童の証言』	
	シネマ沖縄	沖縄県平和祈念資料館
優秀作品賞（準グランプリ）	『HITACHI NOW』Topics「地雷廃絶への挑戦（前編）――大地に実りを、子供たちに笑顔を」「通天閣（前編）――地域とともに50年」	
	カジマビジョン	日立製作所、日立インターメディックス
	『我輩は三共である――三共108年の歩み』	
	電通テック、電通	三共
	『3D-sink』	
	アクシス、イメージサイエンス	トーヨーキッチン&リビング

著者紹介

中嶋清美（なかじま　きよみ）

公益社団法人映像文化製作者連盟理事。1977年早稲田大学卒業後、日本短波放送（現・日経ラジオ社）に入社し、制作部・報道部でディレクターとして番組を制作する。1984年より電通映画社（現・電通ライブ）で、企業紹介ビデオの脚本・演出、博物館・展示スペースの企画構成・演出などを担当。2007年9月、映像文化製作者連盟事務局長就任。同年、連盟が立ち上げた短編映像祭「映文連アワード」の運営・審査などを担当。文化庁映画賞選考委員（文化記録映画部門）なども務める。

写真提供

映像文化製作者連盟（表彰式撮影：田島浩）、ユニ通信社

短編映像の可能性を拓く
「映文連アワード」15年の軌跡

発行日——2023年6月14日　初版第1刷

著　者——中嶋清美
発行者——下中美都
発行所——株式会社平凡社
〒101-0051 東京都千代田区神田神保町3-29
電話　(03) 3230-6579［編集］
(03) 3230-6573［営業］
平凡社ホームページ　https://www.heibonsha.co.jp/

装丁デザイン——島峰藍
DTP——矢部竜二
印　刷——株式会社東京印書館
製　本——大口製本印刷株式会社

ISBN978-4-582-28268-9